異次元時空を生み出す 気と重力

宇城憲治

異次元時空を生み出す気と重力　◎　目次

はじめに

中央アジアのタリム盆地の大部分を占める「タクラマカン砂漠」は、サハラ砂漠、アラビア砂漠、ゴビ砂漠などと並ぶ巨大砂漠の一つですが、その面積は日本の大きさに匹敵し、北は天山山脈、南は崑崙《コンロン》山脈と6000〜7000メートル級の大山脈に囲まれた所に位置しています。そのタクラマカン砂漠に突如として、6月、7月、8月の夏のわずか3ヵ月間だけ大河が出現します。

猛暑になる6月を境に、崑崙山脈の氷河から溶け出した水は80度の灼熱《しゃくねつ》の砂漠にチョロチョロと流れ出し、その先端は枝分かれと合流を繰り返しながら、一時も途絶えることなく流れ続け、そのスピードは1分間に3メートル、川幅は10分間で100メートル程に広がりつつ、やがてその流れはホータン川となり、さらにタクラマカン砂漠を南から北に横断しながら最後はヤルカンド川やアクス川と合流してタリム川となります。

この突如として砂漠に出現する川が次第に大河になっていく様子を追いかけた映像に見入ってしまいました。最初のチョロチョロした流れは、次第にゾロゾロ我先にという感じで砂漠をあっちにこっちに、まさに枝分かれをしては合流し流れ続けていくその様に、ふと、この先端の水は、先を競ってどこに行こうとしているのかという思いとともに、この流れを次から次へ押し出している勢いはどこからくるんだろう、そうだ、大山脈に眠っている大氷河があればこそなのだと。

大氷河と真夏の灼熱とのコラボレーションによって押し出されたその水は、永遠であるかの如く流れ続け、あとは自然の法則に従って限りなく低い所へ低い所へと向かい、そして大河ホータン川となり、遂にはタリム川に合流し海へとつながっていきます。その海の水は蒸発し、大山脈に雨や雪を降らし、真冬に氷河となっていきます。

まさに循環です。循環は調和を生み、調和は融合を生み出します。これが大自然の法則だと思います。

それこそ、人の進む道も似たようなことではないか。どこに行くかも大事ですが、それ以上に大事なのは、自分を押し出してくれる内なる情熱です。情熱があれば歩む道にも自然と勢いがつき、止まることのない人生を歩むことができるのではないでしょうか。

我、欲、恐れ、常識などで固められた内なる殻を、情熱で打ち破り羽ばたくこと、その情熱こそが自分の内面から押し出されてくるエネルギーであり、そのエネルギーが向かっていくことこそが自分に眠る潜在能力を引き出す異次元時空への旅ともなる――。そんな旅を楽しんでもらえたら、という思いが本書のテーマにつながりました。

私たちの存在があるのは、この地球上に、宇宙に「生かされている」という大前提があるからです。それは空気や水なしでは生きてはいられないという事からもはっきりしています。

しかし、今私たちは、その大前提を忘れ、偉大なる大自然の前に謙虚さを失い、「我、先にありき」の生き方になってしまってはいないでしょうか。

「生きている」「生きる」は全てこの「生かされている」という大きな時空に包括されているのであり、それは調和融合しているということでもあります。「我、先に」の生き方に調和融合の循環の輪をつくり出すことができれば、人間の存在する意味や人間に秘められている可能性を見出すことができるのではないかと考えています。

タクラマカン砂漠に突如出現するホータン川の源が大氷河であるならば、私たち人間の中に満たされるべきエネルギーとは何でしょうか。

植物は大地から養分を得て大きくなります。それと同様に、私たち人間も地球からのエネルギーを享受して生かされているのではないでしょうか。そのエネルギーこそ、私は「重力」だと考えています。

またその重力エネルギーを享受するために必要となるのが、本書で明らかにする「気」という存在と具体的手法としての実践メソッドです。

「実証先にありき」は私の信念としているところで、本書においても一貫しています。つまり、理論展開よりもまず「実証性、再現性、客観性」というところでの「実践検証 ⇓ 絶対仮説の設定 ⇓ 理論展開」というあり方です。

それは、科学の原点とも言える、

「自然を謙虚に見つめ直し　既存の常識の思い込みを
退けることから科学研究が始まるのです」

という、まさに、その教えの通りです。

本書では「重力と気」によってつくり出される異次元時空の世界をあらゆる角度からの検証と考察を交え、その内容を明らかにしていきます。本書が多くの読者にとり、自らに眠る潜在エネルギーの存在に気づくきっかけとなり、未来へ羽ばたく旅の道案内となれば幸いです。

※本文中に使用した写真は全て、著者が主宰する空手実践塾、宇城道塾でのものです。

第一章　気とは

「気」の本質と実証

私は現在、道塾や空手実践塾において人間の中に眠る潜在能力に気づかせる取り組みと同時にそれを引き出す実践を展開しています。一つには今の常識ではあり得ない事を可能にすることによって、自分の中の潜在能力の存在に気づいてもらうという実践です。

もう一つは、今の常識ではあり得ないことをするメソッド（方法）と、そこに内在するプロセス（過程・手順）を通して見えてくる未知の世界とNEW科学の追究です。

「NEW科学」と位置付けたのは、従来の科学が要素還元主義の部分分析、またはそれを土台にした「部分の統合」という形をとっているのに対し、私は最初から統合的立場に立った事実事象に基づくあり方をとっているからです。

そしてその根源にあるのが「気」です。

日本では「気」という言葉は、気がきく、気心が知れている、気分がいい……など、日常の中でいろいろな場で使われていますが、その実体は明確にされていません。しかし、「気」は、私たちが生活している時空に存在しているエネルギーであることは間違いありません。

科学では解明されていないことは多々あります。身近な例で言えば、この地球上に存在する空気や水もそうです。もしこれらがなければ私たち人間は死んでしまいます。それ程重要であるにもかかわらず、いまだにどうしてこの空気や水がつくられたのか、はたまたなぜ存在したのかが分かっていません。人間や神様の手によるものではないことは確かです。謎です。それほど宇宙は不思議と神秘に満ちているということです。

この「気」のエネルギーも同じで、今のところ既存の理論では説明がつきません。そこで、私は仮説を立てました。実践事実として「できている」という現実が先行しているので、仮説ではなくあえて「絶対仮説」と位置付けました。

それは「気」は重力に働きかけ、空間の変化（重力場）をつくるというものです。この仮説の現象とよく合致しているのが量子理論の質量と時間、重力のあり方です。特に、重力がもたらす空間の変化は、アインシュタインの理論を借りて説明すると、理屈と実践現実がよく合致するのです。

アインシュタインは重力論で次のように言っています。

「アインシュタインは、今まで重力だと思っていたものの正体は、質量をもつ物のまわりの空間に生じた〝何らかの変化〟だと考えた。そしてその空間の変化が、次々と空間を伝わっていくと考えた。物と物が直接力をおよぼしあうのではなくて、ある物がつくった空間の変化（「重力場」という）が、別の物に影響をおよぼすのである。

質量をもつ物のまわりの空間は、物の質量が大きいほど、空間が大きく変化している」

（『ニュートン』２０１３年11月号より）

まさにこの説明は、「気と重力」によって創り出される異次元時空と非常によく合致します。そして実際「気」によって、ここで言う空間の変化としての「重力場」をつくることができているので、より納得がいきます。もちろん大宇宙における重力論と小宇宙における重力論でのエネルギーの違いはあるとは思いますが。

このように「気」のエネルギーを説明する時、理屈上では量子理論がよく当てはまるのですが、理屈はあくまでも理屈でしかありません。しかし、重力は宇宙上でもこの地球上でも絶対存在として確かなものであることは分かっており、「気」は言うなればその重力すなわち「質量を持つ物の周りに生じた『空間の変化』のエネルギー」を積極的に取り入れることができるものだということです。

この後、これらを「実証性、再現性、客観性」という検証方法で実証していきます。

この「実証先にありき」の検証メソッド・プロセスである「実証性、再現性、客観性」とは、

①考えられた仮説が観察、実験などによって検討することができる（実証性）

②仮説を観察、実験などを通して実証する時に、時間や場所を変えて複数回行なっても同一の実験条件で同一の結果が得られる（再現性）

③実証性や再現性という条件を満たすことにより、多くの人によって承認され公認される（客観性）

というもので、科学的条件を満たすものであります。

特定の人ができたり、特定の環境でのみ可能となるなどの制限のない道塾や空手実践塾での実践検証は、まさにこの「実証性、再現性、客観性」の条件を満たすものであり、しかも、事例そのものが今の常識ではあり得ないような形式をとっているので、それがまた未知のエネルギーの存在の証しとなり、同時に、退化し眠っている能力の発掘や気づきにもなっています。

こうした検証を踏まえた上で、それらを可能にする根拠となる絶対仮説を立て、理論は後追いという形になります。

「重力波」及び「重力場」

２０１６年２月、二つのブラックホールの合体によって発せられた重力波が、全米科学財団と国際研究チームにより、アメリカの重力波望遠鏡ＬＩＧＯ《ライゴ》を用いて検知されたことが発表されました。

重力波の存在は、今から100年前の1916年、アルバート・アインシュタインが一般相対性理論の中で予測し、間接的な証拠は見つかってはいましたが、直接検出されたのは今回が初めてです。

まさにこの偉業は、これまで見ることのできなかった宇宙を重力波を使って調べることが可能になったということで、「ノーベル賞級」の発見であると大変な話題となりました。

確かにこの発見は宇宙の成り立ちを解くための大きな一歩となったことには間違いないと思います。しかしそれ以上に注目すべきは、アインシュタインが100年前にすでにこの重力波のことを予測していたという事実です。何故100年も前にそういうことを考え、そして予測できたのか。またどこからそうした発想、考えが生まれたのか。そしてその予測通り100年後に実証されたという事実。

この100年前の重力波存在の理論は、アインシュタインの思考そのものが生み出したものであり、１００年後のＬＩＧＯでの重力波の検出は、１００年前にはなかった重力波望遠鏡という技術があってこそ可能となったものです。

まさに理論と技術のコラボレーションと言えます。

アインシュタインが考えた相対性理論の有名な公式に、$E=mc^2$がありま す。Ｅはエネルギーで、ｍは質量、ｃは光速です。光速は地球を1秒間に7周半する速さと言われていますが、この式は原子爆弾の理屈を表わす式としても有名です。すなわち、「質量とエネルギーは等価」だということです。また一方で、光の速さｃは一定であるので定数となります。するとＥのエネルギーは、ｍという質量、すなわち重さによって変化するということが分かります。

それまでエネルギーというものは、ものが動いたり、落ちたり、力がかかったりしないと生じないと考えられてきましたが、この数式から、止まっているものでもその重さによってエネルギーが変化することが分かります。

本書のテーマである「異次元時空を生み出す気と重力」において、後ほど実証事例とともに詳しく述べていきますが、気によって重力に働きかけ、重力によって重さを変化させることができます。これがまさに私の言う絶対仮説です。その変化は理屈上、エネルギーの変化となります。

「気」は小宇宙における重力波

アインシュタインが相対性理論で「質量を持つ物体の周りには必ず重力が生じ、周囲の空間は歪む」としていますが、これをマクロ的に見ていけば、今回のＬＩＧＯによる、地球から数十億光年離れた場所で二つの強い重力を持ったブラックホールが合体することによって生じた重力波の検出という、宇宙レベルの話につながります。それをミクロ的に捉えれば、重力に働きかけると私が考える「気」のエネルギーも、大宇宙の重力波に対し小宇宙の重力波と捉えてもいいのではないかと思っています。

マクロの重力波そのものは、確かに宇宙の謎を解く鍵となる素晴らしい発見ではありますが、それが即、私たちが現在かかえている経済や環境といった課題に何ら影響を与えるわけではありません。しかし今、私が小宇宙の重力波と考える気のエネルギーは、重力に作用して異次元時空を生み出し、その人がそれまでの常識では不可能としていたことを一瞬にして可能にします。そのことによって、その人に眠っている能力を目覚めさせることができているのです。

気を通してのいろいろな実践事例はＤＶＤを見ただけではほとんどの人は半信半疑ですが、実際に体験してもらうと、「エッ、ウソー」などの歓声が上がり、それまでにあった疑心暗鬼はいっぺんに吹き飛んで驚きに変わります。同時に気の存在を認識するとともに、潜在能力に目覚めていきます。

以下は毎年一月に行なっている、中・高校生700名近くを対象にした学校講演の感想ですが、その変化がよく分かります。

僕が、気のことで一番驚いたのは、腕相撲で大人5人に対して宇城先生はたった一人で倒したことです。それだけでみんな驚いていたのに、そのあと、手を触れずに気だけで大人5人を倒しました。僕は驚きすぎて立ち尽くしていました。何故こんなことができるのだろうと思いました。正直に言うと、僕はずっとやらせじゃないのかと思っていました。でも、実際に見たら5人の大人の人たちは本気でした。これが、本当の力を持った人間だということが分かりました。あんなことができるのは、素直で心に欲がない、究極の人だと分かりました。

（中学1年）

今年は去年と違い、実際に前に出て気の力を実感できました。腕相撲で大人5人が相手では自分は到底勝てないだろうと思っていました。それでも宇城先生に気を通してもらい、自分としては何が変わったか分かりませんでしたが、自然と大きな力が出ました。それと気持ちの面で「絶対無理だ」と思っていたのに、何故か「できる」という気持ちに変わっていました。これこそが強さなのかなと思いました。

自分だけでなく、中学生や女性も気を送られることで相手をひっくり返していて、そのことにすごいと思い、自然と拍手がでました。対立、争うよりも調和し、相手のことを想ったほうが身体は強くなる。この貴重な体験を野球だけでなく生活で活かしていこうと思います。ありがとうございました。

（高校2年）

先生の体験学習は大変興味深く、引き込まれ、知らないうちに夢中になっていました。普通におんぶをして、左右に揺さぶると振りにくいのに、宇城先生が「気」を送ってくださったら、振りやすくなったので、「まじか！」って思わず口に出してしまいました。僕は1対5の腕相撲をこの身で体験できて嬉しかったです。普通に腕相撲をするとピクリとも動かないのに、宇城先生が「気」を僕に送ってくれたときに、相手の人達の顔つきが全然違って苦しそうになり、腕相撲もらくらく勝つことができて、今まで「半信半疑」だった僕の気持ちが「確信」に変わりました。

それと宇城先生が、「家に帰ったら家の手伝いをしてみ」と言われましたが、実際、家に帰ってから、お風呂掃除と夕食の手伝いをしたら、お母さんがほめてくれました。行動に移す大切さを改めて知った体験学習でした。「ヒントやチャンスは、いくらでも落ちていて、それを見逃すのも拾うのも自分次第」というのが僕のこたえです。ヒント、チャンスをくださってありがとうございました。拾って拾って拾いまくって変わります！

（高校生）

このように、実践体験をすることで、自らに眠る潜在能力に気づき、それが潜在能力の発掘につながっています。そしてそのことが自分自身を一変させる大きなきっかけとなっています。

私はこうして「気」のエネルギーを実証しつつ、より具体的な気の応用実践を繰り返すなかで、多くの体験者が自信を取り戻し日常においても変化成長していく様子を見てきました。まさにこの「気」というエネルギーは、水や空気と同じく、私たち人間が無意識に必要としているものではないかと考えるようになりました。

このように小宇宙でのミクロの重力とも言える「気」は、私たち人間の潜在能力を引き出し、その事によって人間力をアップさせ、生活や仕事、日常に、より良い方向に直接影響を与えることができているのです。

「間」に見る二つの空間

「本棚」という言葉があります。本棚は「棚」のことであって、本ではありません。それと同じく「人間」という言葉は「人《ヒト》」ではなく「間《ま》」にその本質があります。人《ヒト》という言葉は種を表わしており、「人間」という言葉は、人と人との「間《ま》」すなわち、人間と人間の関わりを示すものです。そしてこの「間《ま》」を通して人格が形成されていくということであるのです。ですから、人間にとり、この私たちをとりまく「間《ま》」は非常に大事な空間であると言えます。

この「間《ま》」について、踊りの絶妙の間の取り方で多くの人を魅了した歌舞伎の名優・六代目尾上《おのえ》菊五郎が、「間は魔に通ず」という言葉を残しています。菊五郎はそのエッセイ『芸』のなかで、自分の師匠である九代目市川団十郎が「間」について語った言葉を記しています。

「踊りの間《ま》と云うものに二種ある。教えられる間と教えられない間だ。取分け大切なのは教えられない方の間だけれど、これは天性持って生れて来るものだ。

教えて出来る間は間《あいだ》と云う字を書く。

教えても出来ない間は魔の字を書く。私は教えて出来る方の間を教えるから、それから先きの教えようのない魔の方は、自分の力で索《さぐ》り当てる事が肝腎だ」

まさに、私たちが日常で経験するところにも二つの間があり、すなわち「間《ま》」と「間《あいだ》」があり、そのどちらの空間にあるかで人生は大きく変わっていくのではないかと思います。

この菊五郎自身、その「間《ま》」を学ぶために、1929年（昭和4年）、合気道開祖・植芝盛平に弟子入りをしたことを記しています（『おどり』（1948年　時代社）。

「武術」における間

江戸時代に見る剣術の世界では、この「間《ま》」の修業は究極であり、その間《ま》に入らなければ見えてこない高次元の術技があり、その修業プロセスにある稽古方法が「事理一致」の教えでした。

「事理一致」の「事」とは事実、手足の動き、所作、技のことを言い、「理」は道理、心の働きのことを言いますが、「事理一致」の稽古とは身体のあり方と心のあり方を一致させることで目には見えない力が生み出される可能性を示しています。また、それによってつくり出される時空にこそ高次元の「術技と間」の究極があることを教えています。

現在、この「事理一致」という稽古法は形骸化されつつありますが、この「事理一致」を通しての稽古から、人間の本質が「人《ヒト》」でなく「間《ま》」にあり、「間《ま》」

の究極は詰まるところ「心」にあるということが分かります。すなわち人間とは「心のあり方」にあり、「心あり」の関係で人間関係は成り立つと同時に、成長していくものであるということです。それは、武術の間《ま》も、日常の人間関係の間《ま》も、「間《ま》」の本質が調和融合する事にあるからです。まさに今こそ、この間《ま》の意味とあり方を再認識する必要があると思います。

事理一致によって「間」が変化する事例を、具体的に空手のクーサンクーという型で示します（次ページ写真(A)(B)）。スポーツ的な「間」は間《あいだ》となり、写真(A)①→②に示すように、攻撃側の動きが相手の目で捉えられることに加え、相手へ伸ばした突きの拳が相手に届くことはありません。しかし武術的な「間《ま》」は、写真(B)①→②のように、相手との間の時空が変化し、間が変わり、相手に拳が届きます。すなわち物理的な距離は同じであるにもかかわらず、相手との距離が変化します。このように「間《ま》」としての空間においては、目では捉えられない「伸び縮み」が生じるのです。
まさに昔からの武術の教え「相手より遠く、我より近く」の通りです。この伸び縮みする「間」は武術の究極としての異次元時空とも言えます。

武術というのは戦国時代や江戸時代に見られるように、侍が帯刀していた時代背景のなかで、必然的に生と死に向き合わざるを得ないところから「生き残る」ための術技として生み出されたものであり、今に比べその真剣さの度合いが桁違いであったと言えます。もちろん、術技だけでは不完全で「術技と心の一元化」が必須であった事は言うまでもありません。

動き一つとっても、目で見て頭で考えるのでは遅すぎる世界であり、相対構図をとった相手と自分との「間」にある目に見えないものを五感以外の第六感（シックスセンス）で感じ取っていく世界です。すなわち相手の動きの前の「事の起こり」を抑え、封じ込む、あるいは相手に同化しての動きなど、まさに「気」

写真：空手の型 クーサンクーに見る「間《ま》と間《あいだ》」

を発し「気」を感じ調和融合して動く世界です。

私は、空手や居合の原点にある修業すなわち、武術の術技にある真の意味や「戦わずして勝つ」を生み出した江戸時代の無刀流や、またその根源にある「先を取る」などを追求するなかで、そこに目に見えないが確実に存在する「気」というエネルギーの実態を確信するに至りました。

江戸時代の剣術の究極である「無刀取り」や「先《せん》を取る」などを今に再現してみると、時代は異なるものの、その究極に至るプロセスは同じであることが分かります。つまりそこには究極「気」が関係していることが分かるのです。ただし、江戸時代の剣聖の実体を実際に見ているわけではなく、資料や時代小説によるものを基に考察しているのですが、「気」や「間」については、本来はそれを再現し悟った者にしか表現することができないものだと思います。

作家にしても、実在した剣聖の口伝や高弟が残した資料などを参考に小説を書いているわけですが、たとえば打ち合った瞬間の勝負が決まる描写は、非常に肝心なところですが、一行くらいの表現でしかなされていません。しかし「気」の存在を悟っていれば、その小説の一行を百行にもできるのです。それほど奥が深いということです。この表現の差は、知識を基にした推測か、自ら再現し身体で悟ったかの違いにあると思います。

たとえば小説には、江戸期の剣豪、伊藤一刀斎が「打ってくる相手の剣を避けることなく、そらすことができた」というような表現があります。その一行で表わされた術技の裏には本来、百行でも書き表わせないほどの内容が隠されているのです。しかし実際に「気」を修得していなければ、その一瞬の打ち合いの描写は一行の表現となってしまうことは当然のことだと言えます。まさにそれは内面からくる目に見えない世界であり、再現して初めて分かるところだからです。

そこに相手と自分との「間」及び、相手の太刀筋を変化させる「間」、すなわち量子論で言う時空を変化させる極意が存在していることが分かるのです。

それがまさに、刀を抜く前に勝負をつける「戦わずして勝つ」のあり方です。それは武術の極意としての「先」でもあり、異次元時空でもあるということです。

こうした剣聖の時代小説や資料によって示される、相手との間を制し「戦わずして勝つ」を可能にするエネルギーの本質にあるのが「気」であり、この「気」の存在は現在にこそ大いに活かされるべきであると考えています。

すなわち「無刀取り」や「先を取る」という術技は時間を先取りすることで可能となるもので、この事は未知にある目に見えない時空を照らす道筋となると同時に、私たちが確実に生き残っていくための教えとも手段ともなります。

この次元の術技の最大の特徴は、自分だけでなく相対《あいたい》する相手をも「活かす」術技であるということです。まさしく江戸時代の新陰流《しんかげりゅう》に見る「活人剣《かつじんけん》」そのものです。

「先を取る」とは、相対した相手の「事の起こり」を抑えることによって、より先に相手を制するということですが、「事の起こり」とは相手の動作ではなく、相手がその動作をしようとする「脳での意識の段階」よりさらにその前の「無意識の段階のところ」に働きかけるというものです。

また、武術で言う「入る」は、まさにこの「無意識のところ」の何かを感じ取って対処するというものです。空間に時間を合わせた四次元の世界のことを「時空」と言いますが、「時空」とは、つまり「間《ま》」のことであり、武術で言うところの「間を制する」とは、この四次元の時空と調和するということでもあるのです。

この時空・間において相手の無意識の事の起こりの波動を捉え、感じ取るセンサーが「気」であり、この「気」を研ぎ澄ますための最良の方法が、古来から残されてきた「型」と「分解組手」を通しての「事理一致」の稽古です。

さらにその修得の度合いとして応用組手があります。そこでは意識して出る技から、咄嗟《とっさ》に出る技への変化が求められます。さらに術の段階から目に見えないエネルギーを発する「気」への変化を伴なう心身のあり方は、今にこそ十二分に活かすことのできる、武術文化が残してくれた日本文化の財産だと思っています。

「戦わずして勝つ」の間

江戸時代に開眼された新陰流には「活人剣」という「相手の先を取り、相手を封じ、相手を活かす」あり方があります。ただし、それは初太刀によって相手を制する術技があることが前提条件にありますが、このように江戸時代当時、すでに相手を観念させる「戦わずして勝つ」という技が生み出されており、この時代の次元の高さが分かります。

また当時の資料を見ると全てにおいて共通しているのが、「戦わずして勝つ」を可能にする根源が「真心」にあると「心の重要性」を説いていることです。実際、上泉信綱《かみいずみのぶつな》の新陰流や伊藤一刀斎の文献を見ると、心の重要性が書かれています。また小説ではありますが、津本陽や山岡荘八が描いている、新陰流の柳生石舟斎、兵庫助、連也なども、まさしく「気」や「心」の重要性を説いていますす。それに比してスポーツ的な風潮にある現在の武道は、本来の武術の次元に立ち返ることが必要ではないかと考えさせられるところです。

武術の言葉に、

「斬り結ぶ　太刀の下こそ地獄なれ
　一歩踏み行けば極楽なり」

という教えがありますが、まさにこれは、「一歩踏み行けない」のは心の恐れのためであり、この恐れの心を克服してこそ、一歩前に進むことができ活路が見出されることを教えています。つまり「怖い」と心が怯えている間は相手に入れない。心が強くあるからこそ、相手に入り相手を制し、さらには自分も相手をも活かすことができるというものです。

言葉を変えれば、武術の極意である「入る」が先行すれば、逆に恐れは消え、一歩踏み行くことができるということでもあります。何が先かではなく、まさに心と技が表裏一体であることの大切さと、そのヒントを説いているわけです。これは現在にも充分あてはまることであり、堂々と一歩踏み込める自分に成長したいものです。

さらに武術の言葉に、

「身体は、内なる気に応じて動き、
気は、心の向かう所に応ずる」

という教えがあります。

これは人間の「身体」は、「気」や「心」という目に見えないものに連鎖していることを諭しています。実践してみればまさにその通りになります。現代の私たちの身体動作に比べその次元の高さが分かります。

私はこのような江戸時代の剣の極意「戦わずして勝つ」の次元にこそ、日本が世界に誇って発信できる平和実現への鍵があると考えています。争いや戦争において生き残るための勝ちは、相手を殺すことになり、そこには相手方の国、また家族や身内に悲しみや恨みを残してしまいます。そうかと言って負けでは死を意味し、生き残れず、かつ自分の国、また家族や身内を守れません。そういう境地から生み出された最良のあり方が、「先を取る」ことによって可能となる「戦わずして勝つ」の術技と悟りです。これが争うことへの最大の抑止力になる本質だと思います。

何故ならば、「戦わずして勝つ」の術技は観念論ではなく、そこにはそれを可能にする術技と悟りの根源である「心」の実態があるからです。さらに、武術の術技は「個としての小兵法」ではあっても、その境地の「心」は、大兵法にも通ずるものであるからです。その小兵法があるから一国の将もそのことを認め、動かされるということです。まさに、そこに至って初めて真の平和は見えてくるのではないかと思います。

「戦わずして勝つ」とは、敵をつくらないということであり、それは人を愛するということであり、そのためには、理屈、精神論ではなく実際に個や将にその実力と自信がなければならないということです。

「異次元時空」の間

私たちが住む世界とは量子論的に捉えると、「x、y、z」という三次元空間に、時間「t」をプラスした四次元時空の世界であると言えますが、武術的な間というのは自論ですが、この四次元時空にさらに重力の作用が加わって生み出される空間、すなわち異次元時空として捉えています。

なぜ異次元かと言うと、一つには「相手に入る」という術技は、相手の「先」を取った状態なのですが、この瞬間をあえて別の角度から検討すると、本来、人の体重は一定であるにもかかわらず、入る自分自身はもちろん、入られた相手も重たくなるという事象が起こるからです。すなわち、相手は入られて身動きできず無力化されているにもかかわらず、後ろから抱き上げられても持ち上がらないほど重くなります。また横から押されてもびくともしなくなるのです。

さらに相手に「負けている」状態にあるにもかかわらず、その「負けている」人の手を第三者が掴むと、その人は簡単に投げることができます。不思議とも思われる現象ですが、これは気によって生じた時空でその場の重力が増し、その時空にいる全体が守られているということです。まさに勝ち負けではなく、勝ったものが相手を観念させ、かつ観念した相手も守られる。このことから、この空間とは今にない異次元の時空に存在する「競わない空間」だと言えます。

『ワープする宇宙』(NHK出版)で五次元の世界に関する理論を展開して注目されたリサ・ランドール博士(ハーバード大学教授 1962年〜)は、「目に見ることも感じることもできない五次元世界の存在を確かめられる唯一の方法は重力を通じてであろう」と述べています。

つまり地球と同じように時空を時間(t)と空間(xyz)とする4つの次元を持った世界は他にもあって、私たちの住む太陽系にある地球と同様、それらはさらに大きな五次元の世界に包まれていて、その五次元の世界と往来ができる唯一のエネルギーが重力だとしています。そしてそれは私たちの見方、考え方によって変わるとも言っています。(171ページの図を参照)

私の場合の五次元は、リサ・ランドール女史の言う大宇宙の世界における時空に対して、その相似形とも言える小宇宙の世界の時空と言えると思います。それはxyz[空間]+t[時間]の四次元に、G[重力]を足すというもので、その実体を実際に捉えることができていることから、言わば「四次元に存在する異次元時空」と表現しています。

これに対し、リサ・ランドール女史の五次元の公式は私が表現するG［重力］のところが「五次元方向への距離」だとするもので、理論では確証していますが、実証はされてはいません。しかし理論ではあっても「五次元の存在が確かにある」とする博士の理論は異次元の世界の裏付けともなり、強い関心をもたらしてくれます。

この五次元の世界に対するリサ・ランドール女史の見方に合わせ、それを自論に基づく実証事実に飛躍させると、次のような事例が直観としてぴったりくるので以下に説明します。

事例および検証

四つん這いになった1人を5人がそれぞれ両手、両足を掴み、そして背中の上から押さえつけて動けないようにします。もちろんその状態では、四つん這いになった人は全く動くことができません。手足を動かそうとすればするほど、押さえている人に引っ張られ、逆に簡単につぶされてしまいます。しかし、この時点で四つん這いになっている人に気を送ると、とたんに前に進むことができ、押さえている人は引きずられていきます。さらに押さえている人数を5人から30人に一気に増やしても、写真のように前に進むことができます。これは今の常識では絶対にあり得ないことです。

また、この実践は特定の人だけができるのではなく（客観性）、誰がやっても同じことができ（再現性）、さらにはそのようなグループを何組もつくって同時かつ一瞬にできるようにすることもできます（普遍性）。

30人に抑え込まれても瞬時に進める

このことから言えることは、

①四つん這いの人が30人に押さえ込まれても、「気」を通すことによって瞬時にスイッチが入ったようになり、押さえている30人を引きずって前に進めるということは、明らかに今の常識には存在しない「別次元の力」が働いているということです。

従来であれば、このような検

証の際に最も必要とされていたのは「強い筋肉」でしたが、ここで示されたことは筋肉による次元では不可能であり、この「力」には筋力以外の力が作用しているということです。裏を返せば筋力は不要かつ無意味であり、むしろ阻害するものであるとも言えます。

②誰がやっても一瞬にしてできるようになる、ということは、その場にそうしたことを可能にさせる何らかのエネルギーが作用し、別次元への変化を起こしていると言わざるを得ません。それが重力による作用ではないかと考えています。

③実際に30人に押さえられても四つん這いの人が前に進むことができるということは、四つん這いになっている人は通常においては、その30分の1の力すら出せていないこと、すなわち元々備わっているはずの潜在能

力が発揮できていない状態となっていることを示しています。

こうした事例は、

○「気」によって別次元へワープできるということ

○人間に元々存在している潜在能力に何らかの条件でスイッチが入るということ

○そのような状況をつくり出すには重力が何らかの形で関係しているということ

○それが身体を桁違いに強くしていること

を示しています。

ところで、全遺伝情報、ヒト・ゲノムが21世紀のはじめに解読され、人間のそれぞれ個のＤＮＡ、遺伝子には生まれながらにメッセージが刻まれていることが分かってきました。同時に数々の遺伝子研究がなされた結果、遺伝子にはオン、オフの機能があることが明白となりました。すなわちオンになるということは、その人の持っているそれぞれの潜在能力が開花するということであり、オフはその逆で眠ったままということです。

またそれらのスイッチは熱や圧力、磁気、光といった物理的な要因や、食物や喫煙などの化学的要因、さらには愛情、感動、不安、祈りなどの精神的要因といった三つの環境因子によって変化することも分かってきました。すなわち遺伝子の働きが、そうした「外部環境の刺激」によってスイッチがオンになったりオフになったりするなど、変化が引き出されるということが解明されつつあるのです。

私は、この「気」による今の常識では考えられない力が発揮できるという実践事例はまさに、人間にとって98パーセント眠っているとされる遺伝子、すなわち潜在能力にスイッチを入れる最良かつ具体的な方法ではないかと考えています。

また、常識では不可能と思われるような事が一瞬にして可能となるこの変化には、人間の五感を超えるもの、いわゆる第六感と呼ばれる超感覚的知覚や予知能力などが、大いに関係していると考えています。その神秘性ゆえファンタジーとされがちでしたが、米マサチューセッツ州医科大の学者、スティーブン・レパート氏によって「人には先天的にこの第六感が備わっている」ことが証明されています。

宇城道塾では、目には見えないが確実に存在し、空間の変化を及ぼし、第六感や細胞などに働きかけ、今の自分には絶対不可能と思えたことが一瞬に「できる」を可能にする力を体験をするなかで、体験者は自分の中に眠る潜在能力に気づき、目覚めます。まさにスイッチ・オンです。そしてそれは自らの「やる気」につながっているのです。

「雰囲気」という間

宮大工の小川三夫棟梁《とうりょう》（西岡常一の弟子）との対談時の話ですが、小川さんは弟子を育てる時に、その「雰囲気」の中に弟子を入れて育てていく、という話を次のようにしています。

「『学ぶ』という言葉は、『真似ぶ』という言葉からきたと言われていますが、その人のしぐさを見て真似る。その時点でだいたいその弟子がきちっと真似られるかが分かるんです。それは素直かどうかなんですね。素直な真似の仕方をしないと駄目ですね。

ほっとくのが一番と言うのですが、ほっとくというのは、ほっとくなかでもそこに学ぼうとする雰囲気がなければ駄目なんです。学ぼうとする雰囲気があれば、そのなかで育ち、ほっといてもどんどん仕事を覚えていく。そういう雰囲気がないところは教えていかなければならない。その雰囲気は上の者が作るんだと思っていたんだけど、違う。これは、弟子たちが作るもんなんです。弟子たちがそのなかで切磋琢磨できれば、何もやらなくても、弟子たちは育っていくんです」

（宇城憲治対談集『大河にコップ一杯の水』第三集213～214ページ）

まさに、そこにある時空に存在する雰囲気すなわち「間」が人を育てる。ここでは弟子と師匠の関係において、弟子のほうがその雰囲気をつくるものだと小川さんは述べていますが、その「雰囲気」を無意識に師匠が発揮しているからこそ、その空間の変化を弟子が感じ取る、それが受け手となる弟子にあれば小川さんの言う「ほっといても仕事を覚えていくことが可能になる」ということだと思います。

自論ですが、

「進歩成長とは　変化することである
　変化するとは　深さを知ることである
　　深さを知るとは　謙虚になることである」

とは、謙虚な心、素直であるということです。その素直さがこのような一連のステップアップを促していくと考えています。その反対にあるのが横着です。

江戸時代に書かれた武術諸芸啓蒙入門書の『天狗芸術論』（１７２４年）の水月の章に、身体で学ぶ修行の本質を諭した教えとして、

「月は池に映るともなく
　池は月を映そうとも思わぬ広沢の池」

という歌があります。

月は実体として現実に存在しています。しかし池に映る月は虚の存在で実体ではありません。従って池の月に触れようとしてもそれはできない話ですが、実体としての月を自分の信念としている限り、自分の中の池にも月が映され実体としての月が内なる自分にもまた存在するということです。

つまり、師の心を素直に自分の心に映して初めて師の中にある目に見えない実体を受け取ることができるということです。

まさに師弟関係とはこの境地にあるのだと言えます。

「教育」における間

教育とは言葉上では「教え育む」と書きますが、教育「エデュケーション(education)」の「educate」の語源はラテン語の「educatus」であり〝能力を導き出す、引き出す〟という意味を持ちます。これが本来の教育のあり方だと思います。

しかし今の日本の教育は、上から下へ「教え諭す」になっています。どちらかと言うと、「ティーチングの教育」になっています。「教える」という一方的かつ強制、指示的な方法では、教わるほうの「自分で考える力」が次第に弱められてしまいます。まさに「自ら学ぶ」という雰囲気が大事なのであり、私はその雰囲気を積極的につくる方法として「教える・学ぶ」の一つ前の段階である「気づかせる・気づく」を重要視しています。その「気づかせる」を最優先する事によって、自ら気づくようになり、「学ぶ」はそのあとに自然に生まれてくるものだと思っています。その「学ぶ」という本人の自発的な姿勢があって初めて「教える」という関係も出てくるのです。

「ゾーン」という間

トリノオリンピックのアルペンスキーで日本では50年ぶりに四位に入賞した皆川賢太郎選手を指導した時のことです。彼に「滑るコースに『ゾーン（ZONE）』ができるくらいでないと駄目だ。そしてそのゾーンに身体を任せれば、右、左にターンはするものの直線のように見えるはずだ。つまり直線の中の右、左だ」と言ったら、咄嗟に彼が「先生、それは僕の目指している理想なんですよ。何でそんな事が分かるんですか」という返事が返ってきたので、具体的に「ゾーン」をつくる身体のあり方と内面のあり方の一致の技術を指導しました。その2ヵ月後のトリノ冬季オリンピックで三位と0・03秒差の四位という輝かしい成績を上げました。この時彼はそのゾーンを感じ取っていたのではないかと思います。

　この「ゾーンに入っている」という感覚とはどのような状態であるかというと、ターンしていくカーブでは当然スピードに応じて外側に引っ張られる遠心力が働き、それとのバランスをとるためにそれに匹敵する〝内側への傾き〟が必要になります。しかし「ゾーン」に入っていれば、コースの時空とその中で滑っている自分が一体となっている雰囲気下にあり――まさにそれが「ゾーン」という間ですが――そういう状況下にあれば、スピードに応じたスキー板のエッジを効かすためにいくら内側に角度をとっても、コースをはずしたり転倒したりすることはなく、直線的に滑っているのと同じような感覚でいけるのです。

　もしそういう状況下からコースをはみ出したり、転倒したりする時があるとすれば、それは気持ちが切れたり、変わったりした時であり、その変わる一番の要因が「欲」なのです。「欲」があると自分を守ってくれているゾーンは消えてしまいます。まさに「欲」が素直さを奪い、雰囲気「ゾーン」を壊してしまうのです。それだけではなく、身体も浮いてしまいます。

道塾では実践検証を行なう際にほとんどの人ができていますが、なかにはできない人がいます。そういう人はたいてい従来の常識の延長上における勝ち負け的な判断をして〝頑張って〟しまっているか、頭で自分なりの理屈をつけて自己流でやっている人です。前者は体育会系の人や負けず嫌いな人に多く見られます。後者は俗に言う偏差値の高い人、高学歴の人に見られます。できないのは、「できる」空間（ゾーン）にあるにもかかわらず、わざわざ雰囲気を自分で切ってしまっているからです。

ゾーンを切った状態とは、今まで溶け合っていた雰囲気、すなわち時空に存在する間から孤立した状態となることであり、その変化は形の上にも即座に表われます。まず身体が浮きます。それはその人を後ろから抱きかかえればすぐに分かります。ゾーンの中にいた時の身体の重みがなくなり、切れた瞬間に「浮いている」状態となるのは誰が見ても明らかです。

人間にとって大事なことは、字でも分かる通り「人」ではなく「人間」としての「間《ま》」という存在であり、そこから孤立することなくその間を「溶け合った間」にしなければならないということです。この「溶け合った間・時空」こそが調和・融合であり、それを可能にさせる方法として「気」は存在していると言えます。また「溶け合った間」を大きな視点に立って見れば、私たちはこの宇宙に「生かされている」存在であることを教えているとも言えます。

異次元のスピード

もうひとつ気の本質に今の常識にない〝異次元のスピード〟があります。

たとえば、立膝をした人の後ろに４人くらいが腰をがっちり組んでいる列を力で引っ張ると全く動かすことはできません。ところが気によって相手とつながると簡単に引っ張ることができます。

たとえ10数人の列でも、引っ張る人がその列と一体となり溶け合うことができれば、全く力を使わずに引っ張ることができます。この時、見た目は非常にゆっくりかつ力みがなく柔らかい感じです。しかし、それはゆっくりに見えているだけで内面のスピードは筋肉で引っ張る時とは桁違いな速いスピードとなっていて、引っ張られている人の筋肉によるスピードでは追従できません。これが異次元のスピードです。

今の常識では10数人を1人が引っ張るなどとはあり得ないことです。実際引っ張っても全く動きません。動けずに止まっているわけですから、引っ張る力のスピードも実は止まっています。この引っ張っていながら動けない、すなわち止まっているというのは、身体の呼吸が止まっている状態であり、身体にとっては非常に都合の悪い状態です。何故ならこの状態の時、ポンと突きを当てられたりしたら通常よりも痛みを感じたり、あるいは少し強い外力が加わったりすると、骨折などの要因になります。これがスポーツなどにケガが多い要因でもあります。

さらに今の常識にないこの異次元のスピードのあり方を別の形で表現しますと、たとえば地球と新幹線のスピードを比べた場合、この地球上の自分が今いる「場」は止まっているので、時速２５０キロのスピードで走る新幹線のほうが速いように見えます。しかし、マクロな見方をすれば、この場は止まっていても、この場が存在している地球は実は時速１７００キロで自転していて新幹線よりはるかに速いのです。すなわち、どのスケールでものを見るかで異なる場合があり、見た目には速いものが実は遅くて、見た目が遅い、あるいは止まっているように見えるものほど速いということがあるのです。先ほどの検証で筋力では連なった列を引っ張れなかったのに、異次元のスピードでは動かすことができたのも、実はこれと似たような現象であるのです。

女性が10数人の男性を動かす

　この検証は女性にやってもらうとよく分かります。通常この状況で女性が男性10数人の列を引っ張るなどということはさらにあり得ないことですが、気によって重力に変化をもたらし時空の変化、すなわち〝調和のゾーン〟がつくられると、簡単に引っ張ることができます。すなわち気によって、彼女の内面のスピードが高まり、そのエネルギーが10数人の列の相手を包み込み、引っ張ることができているのです。

　この異次元のスピードこそが武術

的な技や動きの威力の特徴につながるのですが、これを武術のスピードに変えれば、外見のゆっくりから一瞬にして目にも止まらぬ速さで引き倒すことができます。すなわち「ゆっくり」を「瞬発」に変えればいいだけです。内面のスピードが速ければ、外見はどうにでもできるということです。筋肉のスピードではそうはいきません。

この検証で言えることは、

○「気」でつくられた雰囲気下のスピードは内面と時空の変化によるものであり、たとえ見た目は非常にゆっくりであっても、激しく動いているように見える筋力のスピードとは桁違いの速さを生み出している。

○「気」は重力に作用し、時空の変化をもたらし、また重力の変化は重さを変化させるとともに内面のスピードを速くすることができる。

ということです。

実証先にありき

私が道塾や空手実践塾で重要視していることは、「実証先にありき」ということです。それは今の常識があまりにも見た目の強さや部分強化を重視したり、数値やデータで表わすことが科学的で論理的だとしている一方で、異次元のパワーやスピードが内在する目に見えないものは非科学的として軽視しているからです。

この未知の世界には〝非科学的〟とされていることのほうがはるかに多く存在しているのであって、私はその目に見えないものを「実証事実」を先行させることによって、その事象にある次元の深さを見える形にしています。またその理論はこれまでにない科学のあり方であるＮＥＷ科学としての可能性を秘めており、そこには進歩・成長が約束されています。

私が実践で実証している事は、今にあり得ないような事を可能にするものですが、それは不思議さを目的にしているのではなく、未知にあるエネルギーとして誰もが持っている潜在能力を引き出すことにあります。すなわち人間力のアップです。それを可能にするのが「気」です。確かなことは、「気」というエネルギーが確実に存在しているということと、その「気」によって人間に備わっている潜在能力のスイッチがオンになり眠っている力が目覚めるということです。

もちろん自然界の中でもそうした変化に導く「気」の存在が知られていて、たとえば「森林浴効果」という、森にいることで気分が晴れやかになったり、血圧の高い人は低く、低い人は高くなって正常化するといったようなことが分かっています。血圧に関しての医療的な立場は、高血圧の人は降圧剤を、低血圧の人は昇圧剤を服用しますが、「森林浴」は薬と違って自然に正常な状態に導いていく、すなわち人間にとっての正常な中心値に戻すというもので、まさに自然療法です。

こうした森林浴に見られるような「気」は自然界にあるパワーですが、私が実践している「気」は、より積極的に働きかける能動的なエネルギーです。

「理論先にありき」でやってきたこれまでの一般的な科学というのは、すでに存在している宇宙にあるものや事象を、要素還元主義主体で解明していくあり方であったことを反省しなければならないと思います。

そうした要素還元主義の分析的な科学に欠如するものとして、リサ・ランドール女史の言う次の言葉が光ります。

「物事を構成する要素は、それぞれ別々のルールで動いているわけではなく、全ての要素がきちんと統合される原則があるはずです」

これからは目には見えないが実体として存在するものの価値や意味、エネルギーを重要視していくと同時に、それらを一つの統合体として捉えるあり方に立ち戻るべきではないでしょうか。その一つの方法として「実証先にありき」があり、理論はその後追いで展開するといったことも、新しい科学のあり方として必要な時にきていると思います。

この章で触れたように、アメリカのＬＩＧＯの観測によるアインシュタインが予測した重力波の実証は、理論が先にあった上で１００年後にそれが実証されたわけですが、気の理論についてはその逆で、何年後か、あるいは何十年か後に理論が展開されることになるのかも知れません。

［コラム］

娘リーゼルへの手紙で、アインシュタインの方程式 E＝mc²は「愛の方程式」でもあることが明らかに

宇宙からの重力波を１００年前に予測していたアインシュタインですが、もうひとつアインシュタインが残した事実が大きな話題となっています。アインシュタインは１４００通の手紙を残したと言われますが、それら全てが娘リーゼルに託され、リーゼルは、アインシュタインの死後20年間は世間に公開しないようにという指示のもと、その手紙をヘブライ大学に寄付したとされています。

話題となっているのは、その中の娘リーゼルにアインシュタインがあてた手紙の内容です。

アインシュタインは物理学者として、世界を支配している絶対不変の法則を数式で表わしたいと願い、あの有名な相対性理論を唱え、$E=mc^2$という数式でその一部を説明することに成功したわけですが、そのアインシュタインは、娘への手紙の中で、

「この世界を支配している絶対不変の法則で、いまだ正式な説明がなされていないエネルギーがあり、それは、愛である」

と述べているのです。

すなわち、

「愛こそが宇宙の最高のエネルギーであるとし、人を人に引き付ける引力であり、この世界の全てを含み、支配する力である」と。

さらにアインシュタインは、地球という惑星の荒廃を食い止めるのも、このエネルギー（愛の爆弾）であると述べています。

当時の科学の世界で目に見えない愛を説くことがどれだけ難しいことであったか想像に難くありません。

アインシュタインは、重力波を１００年前に予想したのと同じように、１００年後の今こそ、世界を救うために愛の力が必要であることが「見えていた」のかも知れません。

この手紙に照らし合わせて$E=mc^2$を見れば、$E=mc^2$のｃとは、愛であるとアインシュタインは言いたかったのでしょうか。そしてこの愛は、光速という定数であって、人間は、m（質量）すなわち重さによって、とんでもないエネルギーが出ることを当時から予測していたのではないかと思います。

すなわち愛のある、日本の言葉で言えば、「真心」があればこそ、質量mという宇宙の中の人間としてのすごい力が発揮されるのだと。

宇城塾長が道塾、空手塾で実践している実践事例はまさに、このアインシュタインが方程式で人類に伝えたかった真実ではないかと思えてなりません。

（道塾事務局）

第二章　統一体と部分体

力を使わない力

ふつう私たちがスポーツのような動きや力における強さを言う時、ほとんどの人が筋力を主体とした考えを基にしています。ですから、筋力がある人のほうが、すなわち小さい人より大きい人のほうが、女性より男性のほうが、子供より大人のほうが〝強い〟というのが当たり前とされています。これが今の常識にある力の相関関係です。しかしこの相関関係の力を覆《くつがえ》すはるかに大きい力があるのです。

たとえば写真のように、

① 大人の男性４人を相手にした腕相撲で、子供が勝つ事例

② がっちり組んだ10人程の人間スクラムを、触れずに前後左右に動かすといった事例

などに見る力です。

このような実証事例は今の常識では考えられない事ですが、写真のように事実あり得るのです。それこそ、筋力に頼る従来の方法とは全く次元の異なる力の存在です。

①

②

何故そういうことができるのか。また、それを可能にするものとは何か。

今の常識の力というのはその本質において、必然的に相手との対立による力関係を生み出すので、当然筋力のあるほうが優ります。しかし私が示している実証事例の力は、相手と調和することにあるので、そこには対立が全く生じません。対立がなければ、そこには衝突する力も生じません。また、その状況下では、相手の力は無力化され力が入らなくなります。

また調和の力は内面のスピード差を生み、その差で相手方に優ります。従ってそれは今の常識を超える〝力を使わない力〟すなわち、異次元の力として捉えることができます。また触れずに動かすという力、すなわちそのエネルギーは、アインシュタインの重力論にある「ある物がつくった空間の変化が別の物に影響をおよぼす」というものであると考えています。

統一体とは

今の常識としている力とそれを超えたところにある力の違いをあえて科学的

に言うならば、常識の力の主体となっている筋力の概念は古典力学的で、今の常識の力を超えた「調和する」力や「触れずに動かす」力は量子力学的で量子論の概念がよく当てはまります。すなわち、物質は最終的には原子という目に見えない最小単位で成り立っていて、その原子に働きかける力であったり、原子の集合体としての物や人と調和するという概念です。

こうした実証事例を可能にする根源に、自論ですが「統一体と部分体」との対比という考えがあります。すなわち「部分体」の力とは今の常識の力の概念にあるもので、その力は対立を生みます。一方「統一体」という力は調和であり、その事によって今の常識での不可能が可能になるという位置づけをしています。この「統一体と部分体」の対比は、脳や身体、そして心のあり方・考え方において、従来の理論、理屈とは全く異なる観点からの捉え方を提唱しています。

つまり人間としてのあり方は「統一体」という捉え方をしなければその真意

は掴めないということです。すなわち科学の要素還元主義優先によって生み出された身体をバラバラの部分体と化すあり方や、その部分を集めて一つにするという「部分の統合体」としての捉え方ではなく、生命体として最初からひとつの存在であるとする捉え方です。生命体というのはそもそもそういう存在にあるのですから、当然と言えば当然なのです。

ところで、リサ・ランドール女史と若田光一氏の対談本『リサ・ランドール異次元は存在する』（ＮＨＫ出版）に、アインシュタインが夢見たとされる力の統一理論について以下のように記されています。

「（相対性理論という）大偉業を成し遂げた彼が次に夢に描いたもの、それは力の統一でした。つまり、いくつかの異なる力を、もっと根本的な一つの力から分化したものとして理解しようとしたのです」と。

ここでの力とは、自然界に存在すると考えられている４つの力のことで、「重力」「電磁気力」、そして原子核などに見る「弱い力」と素粒子を結合させ物質の成り立ちを支える「強い力」のことですが、アインシュタインはまず「重力」と「電磁気」を統一することを考えた、と。身体における「統一体」のあり方も、元々「根本的な一つの力」である、という捉え方をすれば、このことが理解できるのではないかと思っています。

さらには、私たち自身が「生かされている」という存在であると捉える事も重要です。生命体を扱うにはとくにこの謙虚さが必要だと思います。それは人間の場合、特に心が大きな要素を占めるからです。

また統一体は、身体と心が一元化し、気が巡っている状態にあります。この「気が巡っている」ということは非常に大事なことであるのです。何故なら、身体に「気」が巡っている統一体の状態になると、これまでの常識では考えられなかったことができるようになるからです。先述のリサ・ランドール女史の言葉を借りれば、「物事を構成する要素はそれぞれ別々のルートで動いているわけではなく、全ての要素がきちんと統合される原則があるはずである」の通り、まさに「統一体」とはそういう状態にあるもので、そういう空間、雰囲気、場をつくり出すのが「気」であり、また「気」は重力に働きかける作用を持っている事も様々な事例から実証できています。

そういう意味でも、「気が通らない部分体」と、不可能を可能とする「気の通った統一体」との違いを、まず実践を通して身体でしっかり理解することだと思います。今の常識ではあり得ないような事が誰にでも可能になるという事実は、頭では不思議として理解できなくても、身体では理解できるからです。この「頭では理解できないが、身体は分かっている」ということは矛盾しているようですが、本来頭より身体が先という優先順位からしても当然のことであるのです。逆に今、多くの人の潜在能力が退化あるいは眠ってしまっているという実態は、ひとつには何でも頭で理解しようとしてきた知識優先の結果であると言えます。

まさに実践体験からの気づきこそが潜在能力の目覚めと現状からの脱却につながるのです。

そのような場としてある道塾や空手塾では、次に紹介する様々な実践検証を通して、「統一体と部分体」の違いを「身体変化」で実感してもらい、進歩成長へのステップにしてもらっています。

その［Ⅰ］　思考が身体に及ぼす検証

まず検証方法ですが、２人一組となり、毎回、検証のあとに①腕を前に伸ばし、その肘の辺りを相手に一定の力で上から押し下げてもらう、あるいは、②後ろから腰のS字になってへこんでいる部分をゆっくり押してもらいます。

この両者あるいはいずれかの方法で、検証のあとに、身体が部分体（弱い）になっているか、あるいは、統一体(強い)になっているかを知ることができます。

①まず、相手に「1＋1は」と質問をします。

相手は、「2」と、正しい答えを言って腕を前に伸ばします。その肘関節辺りを相手に押し下げてもらいます。簡単には押せないほどしっかり強いことが分かると思います。

②次に、今度は、1＋1は「4」とか「5」というように、あえて間違った答えを言って同じように腕を前に出してみます。今度は、簡単に腕が押し下げられてしまいます。

正しい答えを言えば身体は強くなり、間違った答え、もしくは嘘を言うと、身体が弱くなる。すなわち、このことから言えることは、身体は正しい答えを最初から知っているということです。

③それでは今度は、321×413というような質問ではどうでしょうか。

おそらく瞬時には答えられない人がほとんどではないでしょうか。答えを言ってから腕を上げてくださいという設定ですから、答えが出ない限り腕を上げることはできません。この時に唯一腕を上げる方法があります。それは「分かりません」と答えることです。これは、一つの正しい答えであり正直な答えですから、前に出した腕は押し下げられても強いことが分かります。

しかし、ここででたらめな答えを言って腕を上げると、身体は間違っている時と同じ状態となり、上げた腕は簡単に押し下げられてしまいます。

またこうした検証で指摘しておきたいことは、前に出した腕を押し下げられまいとして、頑張ってしまう人がいるということです。ここで行なっている検証は、腕が下がる、下がらないということを目的としているのではなく、あくまでも身体に起こった変化を自ら確かめることにあります。

しかし、何がなんでも負けまいと頑張ってしまう人は、先に意識で腕が「下がる＝負ける」と捉えてしまうので、当然このような検証の際も下げられまいと頑張ってしまいます。するとその時の身体は身体の呼吸が止まっている状態となり、身体の各部も居付き、自由になりません。また身体を叩かれたり押されたりすると身体全体が非常に弱くなり、それこそ何もしないほうがましとなります。

このことを自分で体験すれば、居付いた状態はそれほどに弱くなることや、従来強いと思っていたことが実は弱さをつくるものであったことへの理解も深まると思います。

この検証では、正しい答えを言うと強い、間違った答えを言うと弱い、答えが分からなくても、「分かりません」と正直に答えると、強くなることが示されています。すなわち、身体と内面（心）の状態が一致していると、身体は勝手に強くなるということを示しており、それを実践実証の体験を通して学び、気づいていくというものです。

その［Ⅱ］　所作・形が身体に及ぼす検証

先ほどは正しい答えを言うと身体が強くなり、間違った考えを言うと弱くなるという検証をしました。

では次にこの応用として筋力トレーニングやラジオ体操などの動作はどうなるのかを検証します。検証方法はその［Ⅰ］と同じで、動作後に腕を前に出しての押し下げで、その真意を確かめるという方法です。

①まず、筋トレの時にやるような通常の腕立て伏せを2回ほどやり、そのあと、腕を前に出して強さを確かめます。

（結果）簡単に押し下げられてしまいます。

②次に、身体に気を通す宇城式統一体腕立て（腕立ての状態からいったん床に全身を一気におろし、手の平全てに集中させながら再び一気に呼吸で身体を元の位置に戻す）を2回行ない、腕を前に出して検証します。
（結果）従来の腕立ての時とうって変わって強さが出てきたのを確かめることができたと思います。

さらにまたここで通常の腕立てを今度は1回やり、同じ検証をしてみます。
（結果）とたんに腕が下がり身体が弱くなることが確認できたと思います。さらにその後統一体腕立てを1回やると、また強くなります。

この検証から分かることは、これまでの常識では「強くなる」はずであった筋トレの方法が、実は身体を弱くしているという事実です。すなわち通常の腕立てをやると弱くなり、統一体の腕立てをやると身体が強くなるということです。

しかし、ここにおいて大事なことがあります。それは、統一体の腕立てが、一見、身体を強くしているかのようですが、実は、統一体の腕立ては、筋トレによって部分体化された身体、すなわち身体の破壊の状態から、本来の気の通った身体すなわち統一体に復活させているにすぎないのです。裏を返すと、身体を部分体化するトレーニングは、全体としての身体の力を失わせる結果につながり、かえって何もしないほうが強いということを教えるものであるのです。

その［Ⅲ］　躾・形・型を通しての検証

これは躾・形・型の所作や動きで身体がいかに変化するかの検証です。

①まず、一人が「丁寧に礼」をしてみます。そしてその人の背中の腰の辺

りをゆっくり押します。ゆらぎません。

②次に、「いいかげんな礼」をして、背中を先ほどと同じように押してもらいます。今度は弱いことが分かります。

正しい文化としての形（躾）が、いかに身体を強くしているか、そうでない形が身体を弱くするかが分かると思います。

その［Ⅳ］心が身体に及ぼす検証

今度は、心の状態でいかに身体が変化するかを検証します。

①まず、ただ、何もしないで背中の腰の辺りを押されると、前にぐらっとゆらいでしまう状態ではないかと思います。

②それを、たとえば目の前の床にゴミがあるとします。そのゴミを拾う動

作をしたあとにまたまっすぐ立ち、そのあと背中を押してもらうと、どうでしょうか。先ほどよりも格段に身体がしっかりしているのが実感できると思います。

③これとは逆に、ゴミを床に投げ捨てる動作をしてみます。同じように背中を押してもらうと、今度は、ふつうにしていた時よりも、かなりふらつくことが実感されると思います。

すなわち、

ゴミを拾う　↓（強い）
ゴミを捨てる　↓（弱い）

このように「ゴミを拾う、ゴミを捨てる」によって身体の強さが変わりましたが、この本質にあるものは何でしょうか。一つには「身体は真実を知っている」

ということです。その真実は、私たち日本人にとっての行ない、すなわち躾の所作・動作にあります。この強さの変化は無意識に起こっている身体現象です。
またこのゴミを拾う、ゴミを捨てる行為は一つの文化としての行ないであり、躾を通して体得された潜在能力の一面でもあります。人間としての「心のあり方」の問題にも関連します。すなわち、「心あり」の状態にあると強くなり、反対の「心なし」にある時は弱くなると言い換えることもできます。すなわち、心がある行為は身体を強くし、心がない行為は身体を弱くするということがこの検証から分かります。

さらに、面白いのは、この延長線上にある「祈り」の検証です。ただ手を合わせ立っている人を後ろから押すと身体が強いことが分かります。ところが、「お金が貯まりますように」とか、「健康でありますように」などと何かを願って祈ると、とたんに身体が弱くなります。

通常、「祈る」ということは、幸せを祈るとか、誰かのために祈るというものであり、「心あり」の利他の行為として良いことをしているという印象があるので、当然身体が強くなるはずだと誰もが予測するのですが、実際にやってみると弱くなっているのです。

すなわち、何かを〝意識的〟に祈るということは、それが人のためであっても「欲」であることに変わりはなく、身体が弱くなるという事実を教えてくれているのです。

検証するまでは、それまでの常識が正しいと信じて疑わなかったことが、実際にやってみると違っていたということを知ることができます。このように身体は私たちに真実を常に教えてくれているのです。

ただ祈る　↓　（強い）
何かを願って祈る　↓　（弱い）

その［V］　文化の違いによる検証

最後の検証は、国の文化や伝統による違い、変化を示すものです。

①まず、しっかり座って日本文化の食事の所作である、箸と茶碗を持って食べる動作をします。この時に背中を相手から押してもらいます。すると強いことが分かります。

②ところが今度は西洋文化の所作であるナイフとフォークで食べるしぐさをして、背中を押してもらいます。すると箸の時とは違って簡単にふらつき弱くなるのが分かります。

③この同じ検証を欧米人で行なうと、結果は真逆になります。すなわち、ナイフ、フォークでの所作では強く、お箸では弱くなります。

この検証は、私たちにとってその国の文化がいかに大事であるかを教えています。すなわち、箸で食べている時は、背中を押されても気にならずふらつくことがないのに、ナイフとフォークの時は、押されるとそこに意識がいってしまい、かつ身体は弱くなりふらついてしまいます。

このことは、私たち日本人にとって箸で食べるしぐさは当たり前のことで、しかも毎日のことであり、日本人のひとつの型、すなわち躾、行儀、作法として、つまり文化として、身体に刻み込まれているものであるということです。身体に根付いているものが無意識に身体を強くする作用をしているということであり、身体に刻まれた文化というものがいかに強いかということがこの検証から分かると思います。

さらに興味深いのは、同じ箸を持つしぐさでも、箸の持ち方が間違っていると、背中を押されるとぐらついてしまうということです。箸をただ持てばいいということではなく、正しい箸の持ち方がいかに大事であるかも同時に教えている検証であるのです。すなわち正しい所作＝型の重要性です。

正しい箸の持ち方で食べる　↓（強い）
ナイフとフォークで食べる　↓（弱い）

（※この章で示した、思考や身体、形などで身体がいかに変化するかなどの詳しい解説は、拙著『気の開発メソッド初級編』や『心と体　つよい子に育てる躾』にありますので、参考にしてください。）

古来の教え「事理一致」

第一章でも述べたように日本古来の武術稽古法として「事理一致」という教

えがあります。これは古来の剣術の修業方法としての教えでありますが、「事」とは「事実、技、所作、形」であり、すなわち、「手、足、身体、剣」の働きを指し、「理」とは、「理合い」であり、「理論、筋道」であり、心の働きのことを言います。これまでの検証はまさに事（技、行動の正しさ）と理（筋道、心の正しさ）の「一致」によって出る力であることを示しています。

すなわち、両手を合わせて叩くとパーンと音が出るように、この二つがぴったり合わさって生まれるもの、すなわちパーンという音のように無から有が生じるということ、これが「事理一致」によって得られる「有」です。気の働きはこの「事理一致」との相乗効果によってより研ぎ澄まされると言えます。そして、事と理の一元融合によって事は即、理として、理もまた即、事となる。この境地に向かう事こそが術技の究極と言えるのではないかと思います。

すなわち心のあり方と身体のあり方が一致することで、それまで考えられないような異次元時空の力が出ることを示唆する教えです。

これまで見てきた一連の検証は、思考や身体のあり方が理にかなっているかどうかで身体の強さが違ってくるということを確認する検証ですが、実はそこにはもうひとつ重大な事実があるのです。その本質に迫るべく、「事理一致」の視点、観点から以下の考察を加えていきます。

たとえば、先ほどの「1＋1は」の検証で、正しい答えを言うと、伸ばしたその人の腕を上から押さえても、間違った答えの時と比べて格段に強くなっていることが分かりましたが、この時に、上から腕を押さえるかわりに、後ろからその人を抱きかかえてみます。通常では持ち上がるはずの身体が今度は簡単には持ち上がらないほど重くなっていることが分かります。逆に間違った答えを言った時に同じようにその人を抱きかかえてみると、先ほどとはうって変わって軽くなっているのが分かります。

すなわち、体重60キロの人が、体重は同じであるにもかかわらず、持ち上がる時と、持ち上がらない時があるということです。私たちが考える「重さ」は体重計の重さを基準としていて常に一定ですから、60キロの人を持ち上げて重くなったり軽くなったりするという事は、今の常識ではあり得ないことですし、実際理屈で考えても矛盾することになります。しかし現実には同じ体重であるにもかかわらず持ち上がる軽い体重と、持ち上がらない重い体重があるのです。

このような現実から見ていくと、体重計が示す重さは単なる一つの計測としての数値にすぎず、今の常識の「決めつけ」とも言えます。このような状況下では体重測定の真意が問われるところです。

このように体重計での数値は一定なのに、持ち上がらなくなるということは、身体が何らかの影響を受けて変化していることが考えられます。見方を変えると、体重が体重計で計れる重さだけではないということです。たとえば、磁石が二つあって、一つの磁石のN極と、もう一つの磁石のS極の面が向き合うと、引き合う力が働きます。逆にN極同士あるいはS極同士であると反発し合う力が働きます。これらの相関関係の力には磁石の磁力の働きがあるわけですが、人間の体重が変化するというのも、地球との関係において、地球の「重力」によって違いが生じると考えれば理解できます。つまり受ける重力の度合いによって「重さ」が変わるということです。

今の常識では考えられないこうした事象をどう捉えていくのか。まさにそうした問題提起こそが本来の科学の目指すところであると思います。現在、エレクトロニクス分野でのデジタル的な技術は進歩、発展していますが、今の科学において、こういうアナログ的な人間工学の分野では進歩、発展が足止め状態となっているように思います。

人間力の源・重力

植物が大地から養分をもらって成長していくように、本来人間は大地からの重力を受けてエネルギーを得ていると考えています。何故ならそれ以外に身体が重くなったり軽くなったりする要因が見当たらないからです。重力の発生源は地球であり、その事は、すなわち地球とのつながりによってより強くなると言い換えることができます。私は現在この事実先行型の仮説を「絶対仮説」と位置付けて後追いの理論に臨んでいるところです。

「地に足がつく」とは昔の人はよく言ったもので、実際体重は同じでも重力の変化で重たくなるわけですが、重くなるということは、一方で次のような発展があります。すなわちその人が重くなるという事は、体積は同じなので身体の密度が増すことになります。その事は身がより詰まるということです。その証しとしてその密度が高くなった人を寝た状態にさせて、その人の腹に乗っても何ともないほど強くなっていたり、また、掴んできた相手を投げることができるなど、今までの自分にはない状態への変化が明らかに起きます。

さらにはこのように重くなったり強くなったりするだけでなく、身体全体のスピードが速くなったり、身体の細胞が柔になったり剛になったりします。部分体での居付きの硬軟とは異なる剛柔の力です。そのようにして変化した身体は、たとえば竹刀で打っても、変化する前は非常に痛がっていたのが、打ってもさほど痛みを感じなくなったりします。そして肚が据わりびびらなくなります。

このように今の常識ではあり得ない強さ、あるいは不可能であったことが一瞬にしてできるようになる身体を総称して「統一体」と位置付けています。これに対して科学的な見地で分析され合理的であるとされているはずの身体を「部分体」としています。このように「統一体・部分体」という対比において様々な検証を説明すると、現在の常識上にある身体がいかに部分体化されたものであるかがよく理解できると思います。「統一体」については従来にない「気」とも関連づけて詳しく説明しておりますので、拙著やＤＶＤを参考にしてください。

今気づかねばならないのは、知識優先の教育や合理性を追求した科学トレーニングによる部分体化された身体からは、統一体が失われつつあり、同時に誰もが持つ潜在能力も失われつつあるということです。

生かされている存在である人間が本来の力を発揮する本質は、地球と一体となる調和力抜きにはあり得ません。だからこそ地球のエネルギーである重力を受けることのできる統一体を取り戻すことが急がれるのです。

［コラム］

頸椎《けいつい》損傷の後遺症からの驚異的回復を可能にさせた「気」と「統一体」

空手実践塾のAさんは2013年8月5日、首の頸椎に黄色ブドウ球菌が感染し、そこが膿《う》んだために緊急入院し、第5、第6の頸椎除去手術を経て生命は助かったものの、神経が損傷し全身麻痺となって、医者からは「回復しても、良くて車椅子」と言われました。

それを知った宇城塾長は、倒れた直後から気の治療を10日おきに一度も欠かすことなく継続、Aさんは7ヵ月後には松葉杖をついて職場復帰するに至り、その後空手の稽古にも参加しています。2年10ヵ月経つ今、さらなる驚異的な回復を見せていて、先日の空手合宿では、「走る」というところまで回復した姿を見せ、多くの人に感動を与えています。

従来のリハビリが基本方針としている回復のあり方は、たとえば筋肉や関節を温めたりマッサージしたり、電気を使うなどして外から刺激して筋肉が固まらないようにする、あるいは筋力トレーニングで筋力をアップさせるというものですが、そもそも脳への神経が遮断されてしまっているAさんの状態においては、「元に戻る」という回復の見込みはなく、回復というよりは、現状維持、あるいは現状でできることを補佐するということが通常であると言います。

しかし宇城塾長の気の治療は、神経を経由して脳からの命令で身体が動くという従来の考えに基づくものではありません。塾長の根底にある実践理論は、脳からの神経は遮断されているので、その方法での回復ではなく、気によって身体を一瞬に柔らかくしたり、同時に強くしたり、あるいは痛みを和らげたりなど、常々塾長が実践されている方法による回復です。

すなわちAさんの場合、脳からの神経は遮断され動かない状態ですが、細胞は生きているので、細胞を出発点にして身体を動かすというあり方に立ち、「細胞、先にありき」という考えをもとにしています。

私たち人間は一ミリにも満たない受精卵から細胞分裂を繰り返し、目や耳、鼻や様々な臓器、そして脳ができあがって最終的に人間として完成して生まれてきます。

すなわち、脳も臓器も全て細胞からつくられたものであって、脳が先にあるのではなく、一つひとつの細胞が先にあるわけです。

ですから塾長が行なったことは、遮断されてしまった脳からの命令系統を元に戻そうとするのではなく、新たに細胞を活性化させることで身体を動かし、そのルートを逆に脳に記憶させ、再生させると同時に、それをつなぐ神経回路をも新たに再生させるというものでした。

すなわち、

① 従来のルート

② 宇城式ルート

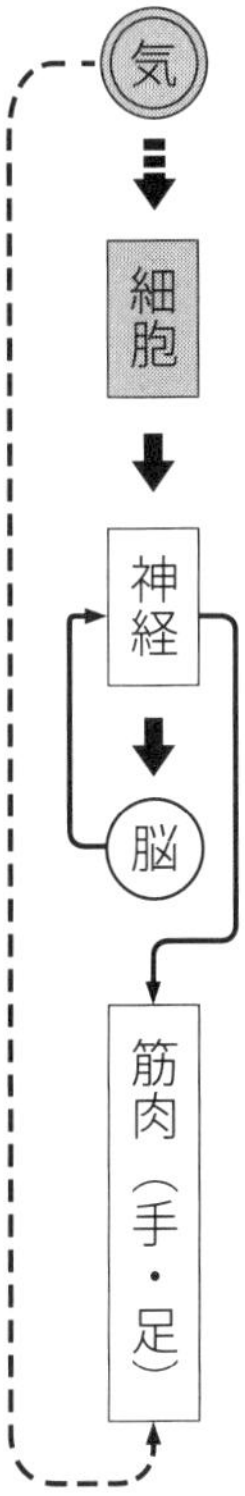

という「身体（細胞）先にありき」のルートです。

そのようにしてAさんは毎週のように塾長の気による治療を受け、医者が「あり得ない」と言うほどの勢いで回復しました。そしてただ回復しただけでなく、Aさんにはそれまでとは異なる大きな変化がありました。それは、Aさんの身体が、それまでの「部分体」から「統一体」となっていったことです。そして統一体であることで、空手の技も含め健常であった時には全くできなかったいろいろな事ができるようになっていきました。

また統一体であることによって、仕事面においても格段にその質が上がったそうです。これまでの仕事のやり方と比べて、全体が見え、衝突がなくなりスピードも効率も上がり、先が見えることにより「これ、どうしよう」と迷うことが少なくなり、部下の質問にも即答できるようになり、以前には考えられないほど仕事がうまく回っていくようになったそうです。

さらにAさんは、以前のように悩んだり不安を抱えたりすることもなくなったと述べています。もちろんこうした回復は自分だけの力ではなく、周りの人たちの協力があってのことだと常に感謝の気持ちを忘れないようになったということも大変な変化だと言います。

まさに、統一体となると、身体が何倍のスピードで動き、かつ強くなり、そしてぶれなくなるということを、そして全体や先を見る力を持てるということを、自らの変化でAさんが私たちに教えてくれているのだと思います。

この、Aさんの回復のプロセスは、私たち健常者が失ってしまった統一体というものを、そしてその素晴らしさを、もっとも身近に教え諭してくれる実践事実であると思います。

さらにこの統一体にもそれぞれ段階があって、さらなる高みがあります。その段階を示してくれているのが宇城塾長です。その高みへの目標設定は、今のAさんの現状をさらなる進歩、回復へと導くことを意味しているのはもちろんのこと、Aさんだけでなく私たちにとっても、人間の可能性の素晴らしさに気づかせてくれるものであり、大きな希望であります。

（道塾事務局）

第三章　理屈と現実

理屈と現実

本来誰もが持っているはずの潜在能力がなぜ発揮できなくなっているのでしょうか。その要因の一つが本来の身体のあり方である「統一体」が失われ、「部分体」になっていることにあります。この身体の部分体化の要因は、現在

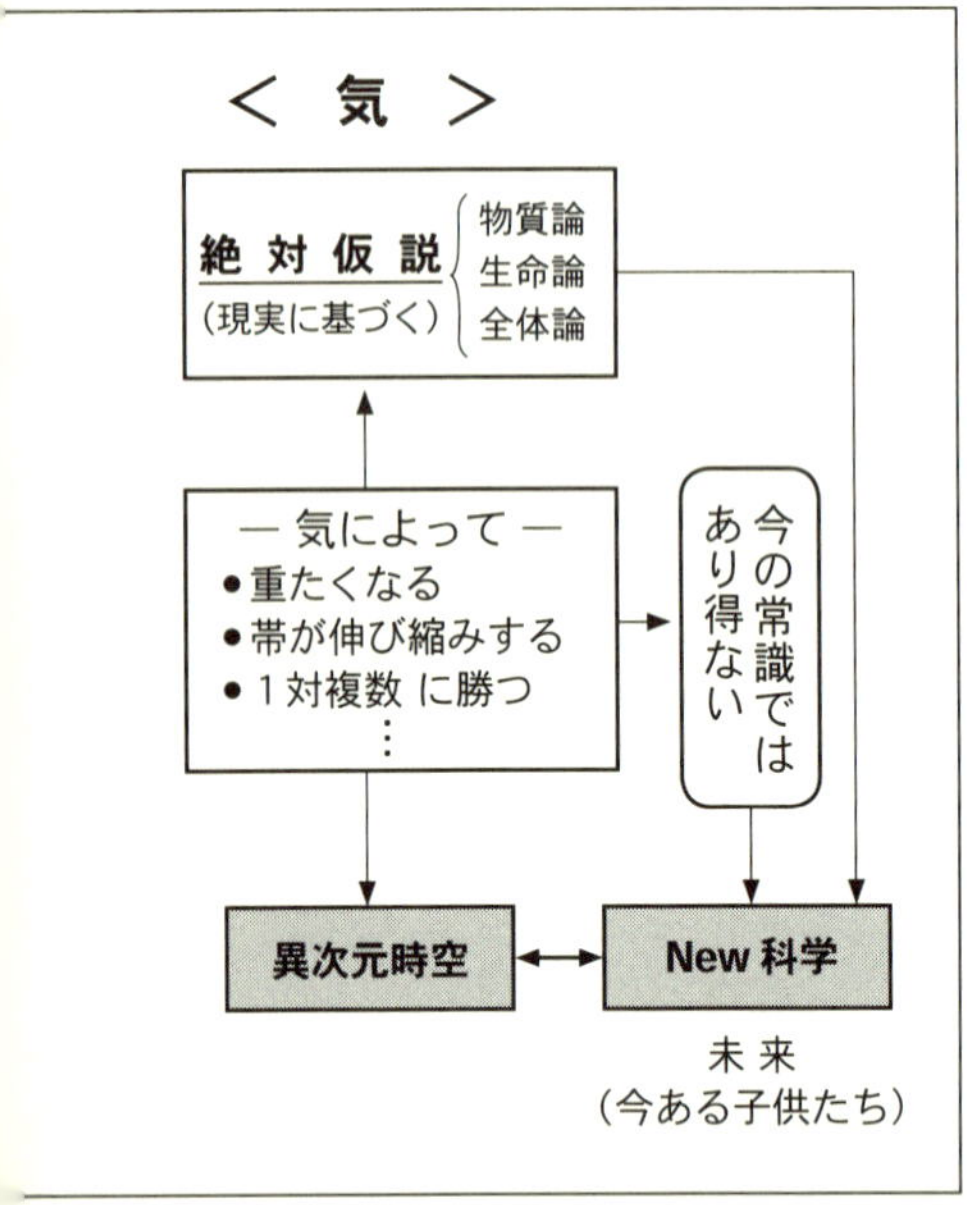

の科学の主流となっている要素還元主義にあります。すなわち科学の要素還元主義的発想に基づく理論・理屈によって、切り離しては絶対成り立たない生命体においても部分化による分析追究をするあま

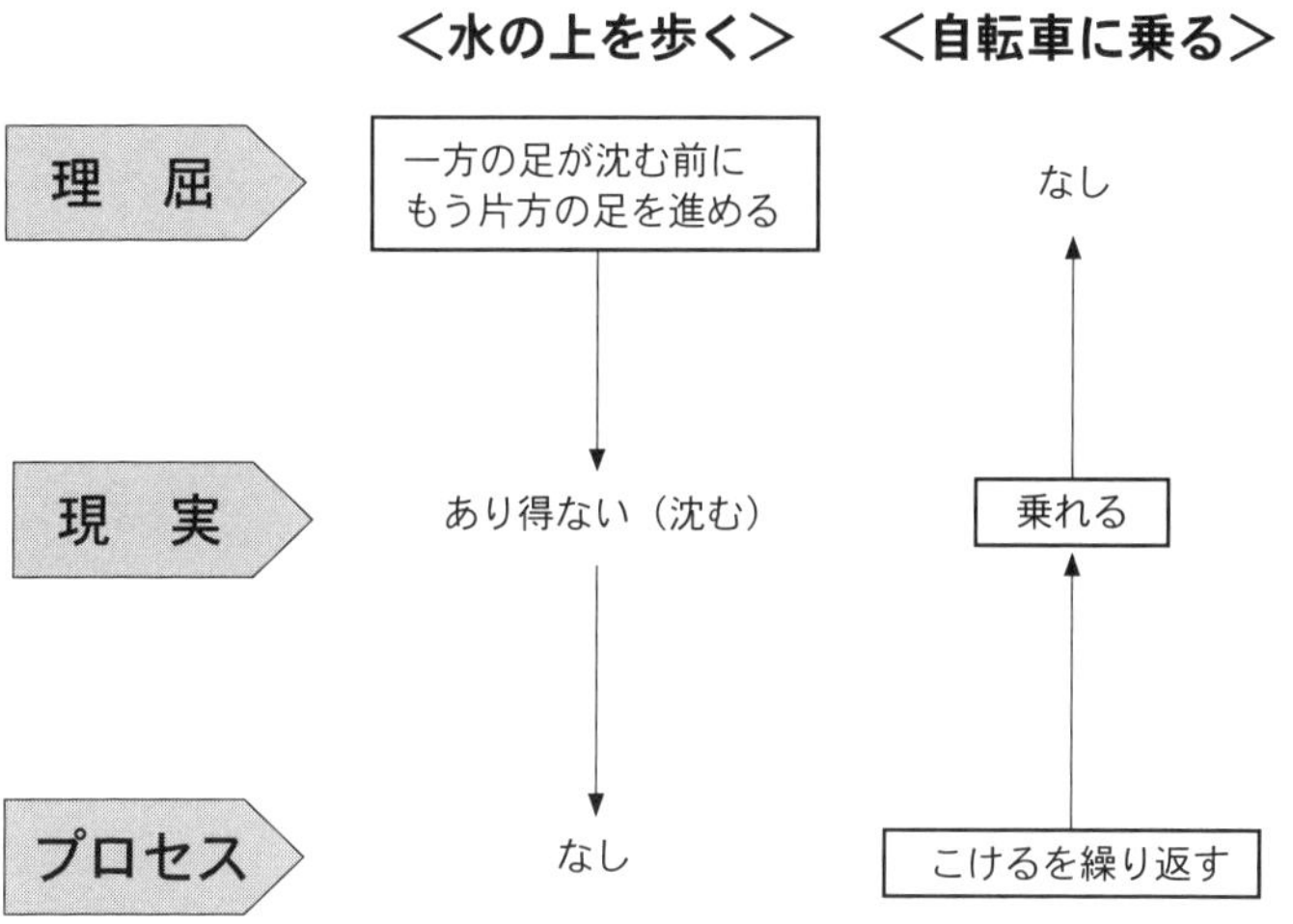

図1．理屈・現実・プロセスの体系

り、生命体としての人間の身体の統合性が損なわれ、その本質がバランスの崩れた不均衡な状態になってしまっているからです。

「理屈と現実」の違いを分かりやすく説明するならば、たとえば今、「水の上を歩く」というテーマを考えた時、理屈では、一方の足が沈む前に、もう片方の足を進めればよいのです。しかし現実は沈んでしまいます。

一方で自転車に乗るというのは、「こける」を繰り返すプロセスを通して乗れるようになります。また乗れるようになると一生乗れるという現実があります。また乗れるようになるプロセスにおいて教科書や筋トレは必要ありません し意味もありません。さらに自転車に乗れているという現実があっても、乗れるための理論はありません。たとえあったとしても無意味でしょう。あるのは何回も「こける」という現実のプロセスのみです。この乗れるようになった身体もひとつの統一体のあり方です。

水の上を歩くという理屈は存在しても、現実は沈むという事は誰もが知っています。しかし、今の科学トレーニングにおけるプロセスでは、その多くのところで水の上を歩く練習をするといった、仮想理屈先行型の非現実的なあり方になっているのではないかと思います。すなわち、理屈が先行し、現実を見失って仮想追求になっているということです。

このような理屈優先は、一方で現実と本質を見失わせ、様々な問題解決への答えを遠ざけているのではないかと思います。まさに自転車に乗るのに、理論を先行させるというようなあり方になっているわけです。

理屈が陥る落とし穴

理屈が先行する、ということの例をもう一つあげれば、たとえば、「今、みなさんが立っているこの場所は止まっていますか、動いていますか」という問いかけに対し、戸惑いながらも何人かの人が「動いています」に手を上げます。理由を問うと「地球は自転しているから」という答えが返ってきます。

確かに地球は赤道上では時速１７００キロで自転しています。しかし現実はどうでしょうか。実際この場は止まっています。動いていたら大変なことになります。フラフラして立っていられないことでしょう。それなのに頭での知識が先行し、現実を直視せず「ここは動いている」と答えてしまう。つまり「現実」よりも「動いている」という知識を先行させる、考えられないような仮想現実を起こしているわけです。まさに「水の上を歩ける」という理屈の世界と同じです。

では、この状況における現実にある実体を分かりやすく説明するとすれば、それは私たちが新幹線に乗っている状況を考えるとよく理解できると思います。すなわち時速250キロで走っている新幹線の列車の中の空間は新幹線とともに移動しているので車内は止まっているのと同じです。

私たちはこの新幹線と同じく地球号に乗っている状況と考えればいいわけです。また地球号は自転だけではなく太陽の周りを時速10万7千キロで公転し、かつこの太陽系を包み込んでいる銀河系はもっと速いスピードで動いているのです。そういう統合的なスピードの中に私たちは存在しているのですが、新幹線に乗っているのと同じで、周りの景色は変わっても、中の空間は動いていないのです。

一方、時速250キロで走っている新幹線も、宇宙というマクロの視点から見れば、止まっているように見え、逆に地球が回っているのが今は人口衛星の動画などから分かります。このようにものの見方、考え方というのは環境でも変わるものであって、私たちは実はそういう矛盾したように見える空間の中に生きているのだということを認識しておく必要があります。だからこそ、真実を見るには、常に「マクロ」と「ミクロ」をセットにして捉えていく必要があるのです。

プラトンの『洞窟の比喩《ひゆ》』に見る真実の目覚め

紀元前のギリシャの時代に、哲学者プラトンが考えた有名な比喩に『洞窟の比喩』があります。比喩とは、ある物事について表現するのに類似する別の物事を借りて表現することでありますが、ここでは〈真実の目覚め〉について洞窟と太陽の対比を使って表現しています。

それは、「多くの人たちが暗い洞窟の中で壁に縛られ自由を奪われていて、その壁の上に松明《たいまつ》があり、監視している人が松明の前にいろいろとものをかざし、洞窟の壁に影が映し出されている。自由を奪われた人たちはそれが影であるにもかかわらず、『実体』であると思い込んでいる」というものです。そして、「ある時その中の一人が縄を解かれて影絵しかなかった世界から洞窟の外の世界へと抜け出し、太陽の存在を知り、本当の世界が洞窟の外にあることを知る。そしてそれを洞窟の中の人に知らしめようとしても、影が実体であると思い込んでいる人たちは容易に耳を貸そうとせず、逆にその人を危険視して葬り去ろうとしてしまう」というものです。

今まさに私たちは、このプラトンの比喩にある、洞窟の中で自由を奪われた人々と同じような状況に陥っていないか考えてみる必要があるのではないかと思います。

常識というマインドコントロール

今、世の中は95パーセントが未知の世界と言われています。分かっている世界はわずか5パーセントと言われています。個人レベルでは1パーセントにも満たないと言われています。しかし私たちは、自分たちが理解している世界が、そのわずか5パーセントにあることになかなか気づくことができません。それは、その5パーセントが「常識」という形で私たちの中で定着してしまっているからです。そのため、そこからなかなか抜け出すことができません。

たとえば、私たちは、ライオンと聞けば、何故か「怖い、襲われる」という印象があります。「ライオンを抱けますか」と聞くと、「抱ける」と答える人は0人です。しかし、「猫を抱けますか」と聞くと、ほとんどの人が「抱けます」

と答えます。

私たちはなぜ猫は抱けて、ライオンを抱けないと思うのでしょうか。「怖いから」という答えが返ってきそうです。

しかし、なぜ私たちはライオンを怖いと思うのでしょうか。またいつ誰にどこで、その恐れを教わったのでしょうか。おそらくテレビや動物園などでライオンが他の動物を殺して食べている映像などから自然とすり込まれ、「いつの間にか恐れるようになった」というのがほとんどの人の感覚ではないかと思います。しかし一方で、野生のライオンを抱いたりと一緒に生活している人も実際にいます。

そして、大事なことは、この、「いつの間にか、自分でも気づかぬうちにすり込まれて、あるいは無意識に……」ということが、それこそ日常の中でたくさん起きているのだということです。

この、私たちの中にいつの間にか定着してしまった恐怖心を取り除くことは容易ではありません。いくら頭で「怖くない」と思っても、身体に沁み込んでしまった恐怖心は、頭の努力で取り除くことはできないからです。何故ならば、その恐怖心は、脳裏に無意識に刻まれてしまっているからです。

そして、それが次第に「常識」という形に姿を変えて、私たちをコントロールするようになります。それが無意識なだけに、自分では気づくことができないのです。

そのようにして沁み込んでしまった常識の代表例が、スポーツの筋力トレーニングや体幹トレーニングなど、科学の要素還元主義に見る部分分析による仮想実体ではないかと思います。自然界を見た時、何らかの目的のために決められた方法でトレーニングをするのは人間だけです。筋トレでは、人間の強さは筋力にあるとして、手は手、足は足、というように部分を鍛えることによって強い身体をつくるという発想をします。

このスポーツに見る筋トレが現在あまりに常識となり、当たり前とされているので、筋トレ以外の力があることにほとんどの人は聞く耳を持ちません。だからこそ、そうした常識のマインドコントロールから脱するには、筋トレとは桁違いな力（調和力）を実際に体験して気づくしかないと感じています。

宇宙飛行士は、宇宙から見た地球は青くて美しいこと、国境がないこと、何より地球は親指を立てたあとにすっぽり隠れてしまった、というような体験を通して、それまでの人生観をゆさぶられ、もっと地球環境を大事にしなければと思ったと語っています。そういう境地は、地球上から遠く離れて宇宙まで行かないと分からないかも知れないとも言っています。すなわち宇宙という「高さ」から見たからこそ分かったことでもあると思います。

「気」についても同じ事が言えるかも知れません。「気」はあくまでも修業を通しての自得の世界でありますが、今の自分のレベルに合わせれば疑心暗鬼になったり、あるいは、「どうしたらできるようになりますか」とハウツーの姿勢をもって聞くことになります。見方を変えれば、そのこと自体、その人が「気」を理解できない次元にいることの証しでもあります。こうした自得の世界を学者が文字や言葉によって理解したり表現したりすることを、江戸時代の書には「猿が水に映った月を捕えようとするのに等しい」と諫《いさ》めています。

真実を見る目

プラトンのもう一つの比喩に、私たちが何かを目で見るというのは実は太陽の光があるから見えているのであって、太陽がなければ何も見ることができないという『太陽の比喩』の教えがあります。まさしく光が届かない海深くにいる深海魚は、目が退化してありませんが、これを逆に考えれば、私たちが目を持っているということは、太陽があってこそ見えるということを意味しているわけです。

すなわち比喩的に言えば、物事というのは人間として生きていく道としての太陽、つまり真実という「太陽」に照らされるからこそ、本質が見えてくるということです。つまり太陽のもとで、何が真実かのしっかりした土台をもって物事を見れば、いろいろな事象の本質も見えてくるということです。

それは言葉も同じです。「思いやり」にしても、そこに「愛情」という太陽、「やさしさ」という太陽があって初めて、思いやりや愛情、やさしさという実態が感じられるということです。ですから挨拶をしましょう、いじめをなくしましょう、などの、ただのスローガンではそこに実態としての本質は見えてきません。「感謝する心」があれば、挨拶は自然にでき、「思いやり」があれば、いじめはなくなるでしょう。まさにそういう目に見えないものの中に本質があるのであり、本来はそういう真理の太陽に照らされてこそ、その言葉を裏付けている実態が生まれてくるということです。

たとえば、道塾では、「気」という方法を使って、全員に不可能であったことを可能にするという実践をしています。全員ができる、ということは、そこに「一貫した法則性が存在する」ということ、すなわち真理があるということです。大事なことは、「できた」という真実は、太陽に照らされているということであり、自分自身の進歩・成長に向かうことであり、それは同時に物事の本質を見るあり方に向かうということです。

「できた」という事実の上に立つことは何よりも自分自身がその本質を見極めながら次のステップに進むことができるということであり、それが好循環の進歩・成長のスピードにつながるのです。

第四章　人間力の本質

―対立と調和の対比から見えてくる真実―

対立は人間を弱く、調和は強くする

対立と調和の対比で、その両者の違いの本質を具体的な実践例で検証することができます。

その一例を次に示します。

まず二人が写真のように腕をからめて立った状態でスクラムを組みます。

(A) 対立の構図

①まずお互いが、いがみあう（対立した）気持ちで組みます。するとどうでしょう。

②横から押されると、簡単に崩されてしまいます。

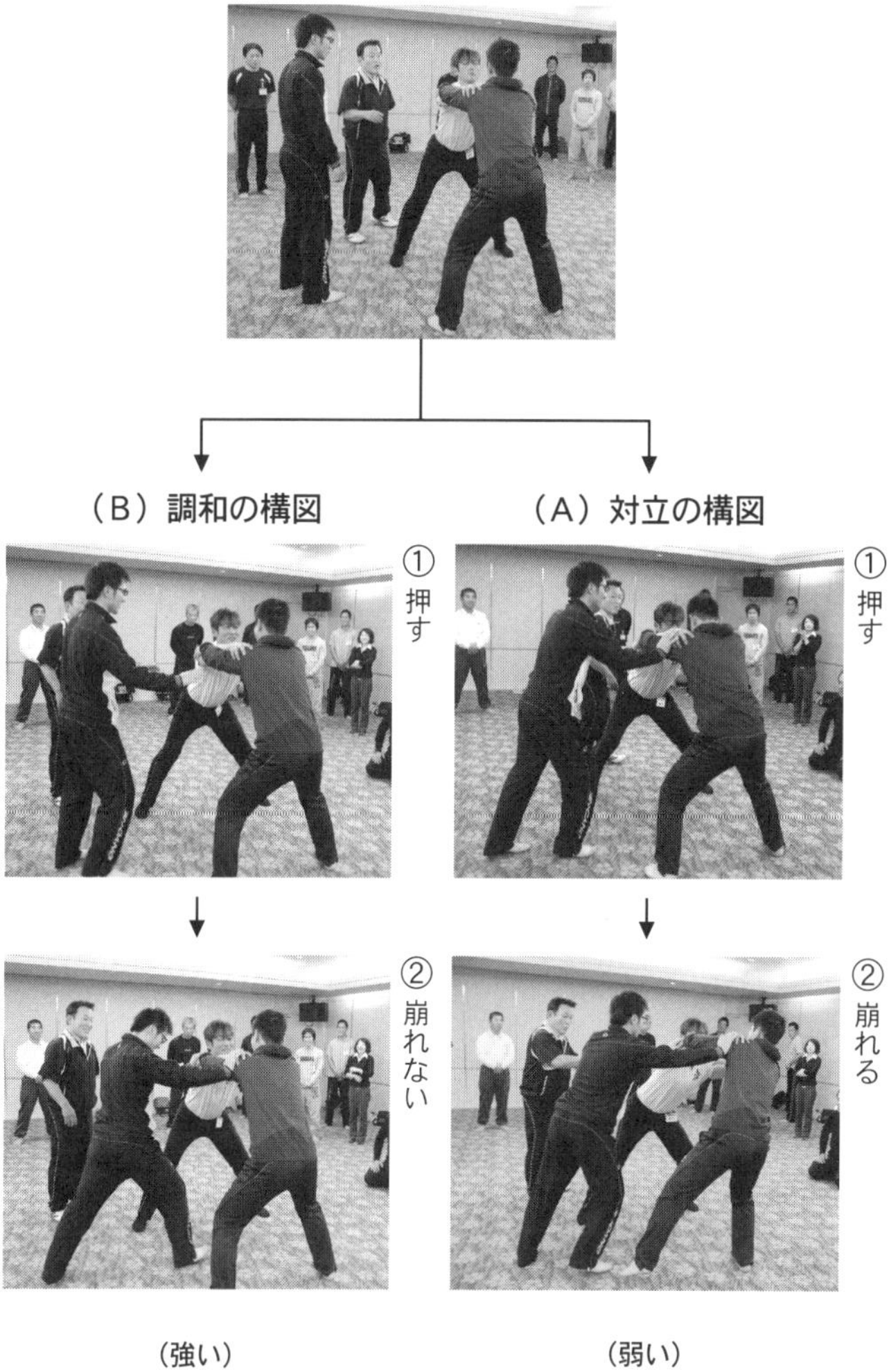
（B）調和の構図
①押す
②崩れない
（強い）
（A）対立の構図
①押す
②崩れる
（弱い）

(B)　調和の構図

①次に二人がハグする（調和する）気持ちで組みます。
今度はどうでしょう。

②横から押しても、ビクともしないくらい強くなります。

この実証例は「対立が弱く、調和がいかに強いか」を示すものですが、それは調和するから強いのではなく、元々人間の本質の中にそういう力が未知の力として存在していることを示しています。

従ってその力は「訓練して」とか「トレーニングして」強くなるというものではありません。訓練やトレーニングは結果的に対立構図の強化になるので、調和と逆行することになり、かえって弱くなります。

一方のハグする所作は、「仲良くする」という人間の心のあり方に結びついており、「心あり」という調和の力によって強くなることを示しています。つまり内面の心のあり方が、外面を変化させ強くしているということです。

さらに組み合っている二人の真下に一人が正座して座り、その人の背中を押します。上の二人が争っている時は、下の人も弱くなります。逆に上の二人が仲良く調和している時は、下の正座した人も強くなっています。

この実践事例が教えていることは、日常を通して会社や組織、あるいは身近なところで対立が起きている時は、弱く不安定な環境がつくり出されているということです。たとえば家庭で両親がいがみあっていたら、不安定な状況が生まれ、子供の力を弱めてしまうということにもなるわけです。

今度は逆に下に正座している人が、上のスクラムを組んでいる二人に影響を与えるという検証をします。

① 二人のスクラムの下で正座している人に「気」を通し、その人の背中を押しても崩れぬほど強い状態にすると、
② 今度は逆に上の二人がどんなに対立していても崩れなくなります。

これが私の信念としている「一人革命」の本質です。

つまり「自分が変わる」ことで、周りも変わっていく。まずは自分自身を鍛え磨くことによって己の悟りを開きエネルギーに満ちた生き方をすることで、それが全体に広がり世の中も変わっていくというあり方です。

これは江戸時代の「先」や「気」を極意とする「戦わずして勝つ」を体現した侍が、自らを鍛える小兵法のあり方で、権謀術策《けんぼうじゅっさく》へ向かいがちな大兵法を正しい方向に動かしていったことと同じです。まさに「民の信なくば国たたず」という民の先頭に立つ人の小兵法の真剣さ故の、エネルギーに満ちた時空があったからこそ成し得たことであります。このように自分一人で何ができるか、

というところから脱却する道となるのが、この一人革命です。

現在の日本のあり方は、東北の復興や福島原発の状況、また経済格差の広がりや政治家の虚構、不正、堕落などを見ても分かるように、今や政治への信頼は失われ、山積みとなっている課題に真剣に真正面から向き合うことがなく、とても国民の幸せを本気に考えているとは思えない状況です。

こうしたでたらめな方向に向かう根源には何があるのでしょうか。

それは、人間の「欲」という弱さだと思います。とくに苦労や悲しみの経験が欠如した人には、その本質において、意識の見栄とは逆に「無意識の不安、怯え」があります。すなわち深層意識にある人間としての祈りや感謝という調和の心に反して、「欲」という内なる自己矛盾からくる怯えです。それは自己中心の支配欲が満たされなくなることへの無意識の怯えです。それが対立と虚構を生みます。

対立の身体は、対立の心をつくり、対立の思考を生み、対立の行動をします。対立は自分を小さな世界に押し込め、小さな思考しかできない人間をつくります。そしてこの対立は大きくなればなるほど、争いや戦争、支配といった形になって、膨れ上がっていくのです。

逆に苦労や悲しみを経験した人には、欲をコントロールする心があります。それが「二度と同じ事を繰り返さない」という勇気や行動の覚悟を生み、その心が調和の身体を生みます。調和の身体は、調和の心をつくり、調和の思考を生み、調和の行動をします。それは、人間の本質にある利他の行動であり共存共栄です。そしてこの行動が愛を育んでいきます。

身の危険が生む必死の力

危機的状況になると人間の身体は強くなりエネルギーを発するという検証例

を次に示します。

またこの事は、心のあり方と身体のあり方がいかに密接に関係しているかの検証ともなっています。

①８人が一列になり７人がそれぞれ前の人をがっちり掴んで動かないようにします。

その状態では、一番前の人を第三者が押しても、あるいは、自分から後ろへ下がろうとしても下がれません。

②そこへ刃先を向けられると、思わず後ずさる。この時、自分では動かせなかった列も一緒に動かしてしまいます。

この実践検証は、身に危険を感じる時、人間は自分を守る強い力すなわち必死の力が自然と働くということを証明しています。先頭の人間がいくら自分の意志で下がろうとしても下がる事ができなかったのに、刃先を向けられ危険を感じたとたんに、後ろの7人もろとも動かす力を生み出しているからです。

③今度は刃先と反対の柄のほうを向けられると、下がれません。

④ここで、柄に「気」を通すと、先頭の人の身体が反応して思わず後ずさります。その力は後ろの7人を同時に後ずさりさせていきます。

⑤さらに刃物も何も持たずにしても、「気」で相手を下がらせることができます。

検証の④⑤はまさに「気」のエネルギーです。気の働きの中での動き、これこそが、昔の剣聖と言われた人の剣術ではなかったかと推測されるところです。

検証④⑤に見るように刃物を使わなくても相手が後ずさりせざるを得なくな

先頭の人がナイフの刃先を向けられると・・・
身の危険を感じ、７人を後ずさりさせている（必死の力）

る力こそ「戦わずして勝つ」につながると言えます。本来の武術の術技はこのようなエネルギーを自他ともに生み出す存在であったはずです。こうした力は、昨今の非日常的な競技やスポーツの対立からは決して生まれてくるものではありません。

「できる」を通しての気づき

何かを問いかける時すなわち質問する時、私たちは言葉や理屈での問いかけになりますが、私の主宰している道塾や空手塾での問いかけは、実践検証での「できるか」「できないか」の問いかけです。しかもそのテーマは今の常識ではあり得ないような事象での実践検証であり、従ってその評価は何点とったかとか、一番だった二番だったなどという点数評価でも順位評価でもありません。今、自分が「できない」という世界から「できる」世界へ一瞬にして変わるという体験です。

それは、今までの常識では「できない」が当たり前であったことが瞬時に覆される体験となり、そのことがこれまでの常識にマインドコントロールされてきた自分と、今の変化した自分との間に自己矛盾を起こします。この矛盾こそが問いかけの第一ステップです。そのステップを踏む過程で自分がいかに常識にマインドコントロールされてきたかに気づくことができ、同時にそこから解放されて、自らの潜在能力に目覚めていくのです。

そうした体験を通し、「自分にはこんな力がある」と「自ら信じる」ことができるようになります。これが「自信」です。相対世界の自信ではなく、絶対世界の自信です。

このようなプロセスを通して得る内なる気づきや目覚めは「自分一人が動いても何も変わらない」と考えていた気持ちを勇気づけ「自分でも何かできるのではないか」という気を自然と芽生えさせます。すなわち、自分の力を信じ、その力が発揮できる方向へと向かい始めるのです。このように体験を通しての可能性は自分自身にとって大きな自信となり、日常生活への活力ともなります。まさにこれが「一人革命」です。

今、まさに急がねばならないのは、生まれながらにして「できる」という身体をすでに持っているのに、そこに蓋をし、できないという思い込みにコントロールされている現状への気づきであり、そこからの脱却です。

親、子、孫と3世代続けば、その続いてきたことがDNAになり決定づけられてしまうと言います。それは個のあり方だけの問題ではなく、社会においても同じです。「個」による戦争はありません。個人個人が気づかない所で、何かもっと大きなものに動かされているからこそ、その方向に全体が向いていってしまうということだと思います。それをストップするには、その「何か」に気づく事であり、気づいた人から行動していくということです。

真の平和を築きそれを続けていけるのは強者ではなく、適合する者、調和する者であるからです。

だからこそ希望ある未来にするには、まず無関心を止め、一人ひとりが勉強し、目に見えないところにある真実に目を向け、生まれながらに内在している人間力を取り戻し、ファミリーの絆を広げていくことだと思います。

生かされている、生きる、生きている

私たちが「生きている」という現実の実態は、「生かされている」という大きな世界の中に存在している世界です。

分かりやすくたとえると、ここにAさんBさんの二人がいたとします。Bさんは昨日お金がなくて何も食べていなかった。Aさんは、一流のレストランで豪華な食事をお腹いっぱい食べた。ここでの見方は、Aさんは恵まれ、Bさんは哀れだなというものです。

しかし、私たちが今ここに「生きている」という前提は、空気や水の存在なしにはあり得ません。空気がなければ私たちは、数分も生きてはいられません。そもそもAさんもBさんも空気や水がなければ生きてはいけないわけです。

この空気や水はいったい誰がつくったのでしょうか。人間でないことは確かです。神様でもありません。宇宙の神秘です。

その序列でいくと「生きている」という世界は、もっと大きな「生かされている」という大前提の上に成り立っていることが分かります。すなわち、「生きている」は「生かされている」に包まれているのです。

しかし私たちは「生きている」を当たり前とし、その大前提としての「生かされている」世界に包まれていることを忘れてしまっています。「生きている」が主体となり、その中での生き方がどんどん膨れ上がっていきます。そしてそれは世代を超えてますます「生かされている」という謙虚さを失った「生き方」になっていきます。

そのため両親に甘やかされ、贅沢三昧をしてきた子供は、将来道をあやまるかも知れません。一方、お父さん、お母さんの苦労を見て育った子供は、苦しさに鍛えられ真面目に頑張り、支えてくれる人たちに感謝を忘れず、希望ある未来をつくるかも知れません。このように「生きる」という希望は「生かされている」という大前提の中から生まれてくると言えます。

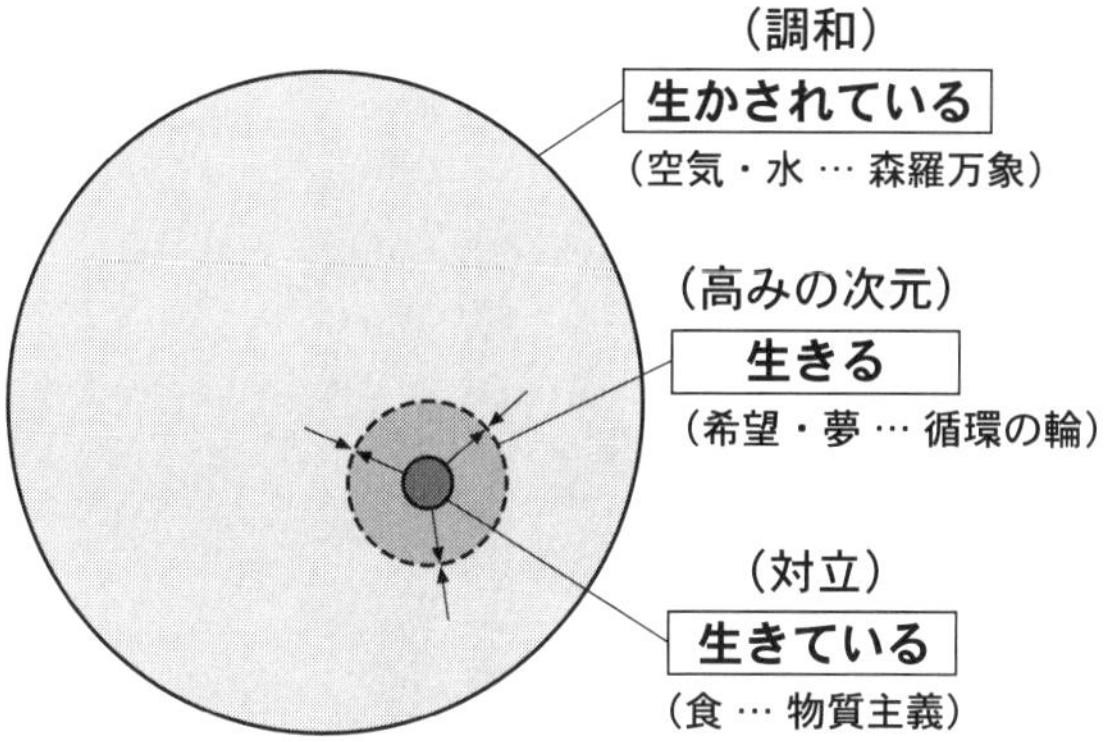

いくら美味しいものを食べても（生きている）
空気がなければ 10 分も生きられない（生かされている）

図2．生かされている ≫ 生きる ＞ 生きている

すなわち「生きる」は未来であり、希望であり、活力です。「生かされている」の中での「生きる」ことこそ、自分が真に活かされるあり方であるのです。

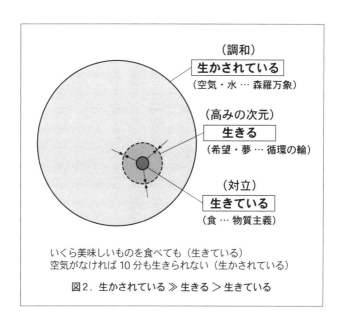

人間にとっての強さとは

紀元前３００年頃に書かれた老子の道徳経に次のような章があります。

人之生也柔弱　其死也堅強
萬物草木之生也柔脆　其死也枯槁
故堅強者死之徒　柔弱者生之徒
是以兵強則不勝　木強則折
強大處下　柔弱處上

道徳経第七十六

〈書き下し文〉

人の生くるや柔弱にして、其の死するや堅強《けんきょう》なり。
万物草木の生くるや柔脆《じゅうぜい》にして、其の死するや枯槁《ここう》なり。
故に曰く、「堅強は死の徒《と》にして、柔弱は生の徒なり」と。

兵強ければ則ち勝たず、木強ければ則ち恒《お》わる。
強大は下に居り、柔弱なるは上に居る。

（参考　『老子　訳注—帛書「老子道徳経」』小池一郎著　勉誠出版）

〈現代語訳〉

「人は生きているうちは柔らかく柔軟だが、死ねば、固く強《こわ》ばってしまう。動物や草木は、生きているうちは柔らかく脆いが、死ねば、ひからびて固くなってしまう。だから、『固く強ばったものは死の仲間であり、柔らかく弱いものは生の仲間である』と言う。硬い兵隊は勝つことができず、樹は強ければ折れる。強大なものは劣勢となり、柔弱なものが優勢となるのだ」

人の生と死のあり方から、すなわち自然の道理を通して、強さとは何かを教えてくれています。

すなわち、「人の体は生まれてくると元は弱々しく柔らかいが、死ぬと固く強張ってしまう」。これは告別式など身近な体験を通してよく知っていることであります。

それは自然界の草木や他の生命も同じであり、つまり「固く強張っているほうが死に近く、柔らかく弱々しいほうが生に近い」。まさに生きた枝は柔軟ですが、枯木は強いようでもすぐに折れてしまいます。


この道徳経の教えを通して現在のスポーツのあり方を見てみると、勝敗を優先するあまり短時間で効果を上げたいと、完全な部分体強化の鍛え方になっていて、まさにわざわざ弱さ、劣勢に向かっているように思えます。

スポーツでよく取り入れられている科学的トレーニングも科学の特徴である要素還元主義を根源とするもので部分の強化であり、それを統合したものを「強さ」としているわけで、「ヒト」という生命体から見ても、「人間」として見ても、このスポーツの強さへのあり方には、矛盾があると言わざるを得ません。スポーツが悪いと言っているのではなく、スポーツから「スポーツ道」というあり方にすることによって、「鍛える」意味も変わってくるし、何より本来の人間としての真の強さとは何かが見えてくるのではないかと思います。

子供にできて大人にできないこと

今の常識ではまったく考えられない事例を示します。

写真は3歳の子供が大人6人の列を引っ張って動かしている事例ですが、大人でも引っ張って動かせないのに、子供は楽々動かすことができます。これは特定の子供だけができるのではなく、たいていの子供ができます。

また、列を引っ張っても動かない大人に子供が触れるだけで、大人も楽々その列を動かすことができます。また大人でも妊婦さんの場合は違っていて、子

3歳の子供が大人の列を動かしているところ

供に触れてもらわなくても自分の力で子供と同じよう楽々列を引っ張ることができます。

　よく冗談に、「おめでたかどうかは病院に行かなくても写真のように列を引っ張ってみれば分かりますよ」と言っているのですが、そのくらい変化があるのです。それは生命を宿すことからくるパワーというよりも、「守る」という調和からくる力です。

　それは子供でも同じです。力で比較すれば大人にかなうはずがありませんから、子供が楽々引っ張ることができているということは、私たちが常識と思っている力以外の力があることの証しです。

しかし次第次第に子供たちは現在の子育てや教育のあり方によって、その力を失わされ、列を引っ張れない大人になってしまいます。このことは本来人間に備わっているはずのものが消えていくという事であると思います。

生き方を変える場

私たち人間は生まれると同時に死が確約されています。これは誰も変えることのできない事実です。人間がこのような存在として大自然の神秘の中で生かされているということの意味は、生から死までの二度とない時間に隠されており、その答えは、まだ眠ったままになっている遺伝子情報の98パーセントの世界にあるのだと思います。そのスイッチは人間が横着を捨て、謙虚になった時点で、ゲノムに書き込まれた遺伝子にスイッチが入るのではないかと考えます。

たとえば、自分の変化ひとつで変わるという分かりやすい例を述べます。

図（153ページ）は、スタートが同じ地点にあっても、横に泳ぐか縦に泳ぐかの方向性によって未来が大きく変わることを示しています。すなわち横の水平に100メートル泳ぐのか、垂直の深さに向かって100メートル泳ぐのかで全く状況が変わるということです。

横に泳ぐ場合は、今日の競争の世界に見る勝ち負けであり、そこに生と死は存在しません。しかし縦に泳ぐ、すなわち素潜りの世界では、行きにも帰りにも常に生と死が存在します。とくに帰りの浮上時では行きの潜りとは異なりブラックアウトと呼ばれる低酸素症に陥って意識喪失を起こし命を落としかねない危険がつきまといます。「あともう少し」という欲が命取りになりかねないわけです。

海の素潜りで有名なジャック・マイヨール氏は、人類で初めて水深１００メートルまで達したことで知られていますが、マイヨール氏は、準備が整って潜るという段になっても、自分の体調を含め条件が万全でないと感じられたら中止や延期を求めたと言います。

場合によってはスポンサーが降りるなどの深刻な状況となり、周りが振り回される結果となったので、「わがままである」と批判されたとも言います。しかし素潜りが命がけの挑戦であることを十分に知っていたマイヨール氏にとっては、それは当然のことであったのではないでしょうか。

マイヨール氏の言葉、「自然と寄り添い、自然と調和すれば、無限の可能性が生まれる」は、まさに、偉大なる自然への謙虚さと畏敬の念を感じます。命がかかっているからこそ覚悟があり、そこにある世界は感謝や祈りの世界につながっていくということを教えているのではないでしょうか。この真の感謝や祈りにある覚悟にこそ、遺伝子をスイッチ・オンにする可能性があるのではないかと思います。

これに対し、競技として横に泳ぐ世界は、生と死は関係がない世界です。頑張ろうと思えばばいくらでも頑張れます。しかし限度があり、しかもその限度は覚悟からくるものではありません。一方、深さの世界では、「ここまで」という制限もピークもなく、逆に「もうちょっと」という欲は即命取りになりかねないという、競争の世界とは根本的に異なる世界です。

そしてそれは人生においても同じであると言えます。すなわち、生きる上で深さを求める縦軸の生き方をするのか、横軸の世界に生きるのか——。

望ましいのは、その両方向のベクトルの和としてのあり方、すなわち縦軸の深さを絶対とし、横軸の水平を相対とし、絶対を人生の根源としながら相対の日常を充実させていくということではないかと思います。

生き物というのは人間も含め、生と死のような覚悟を必要とする時、自然体

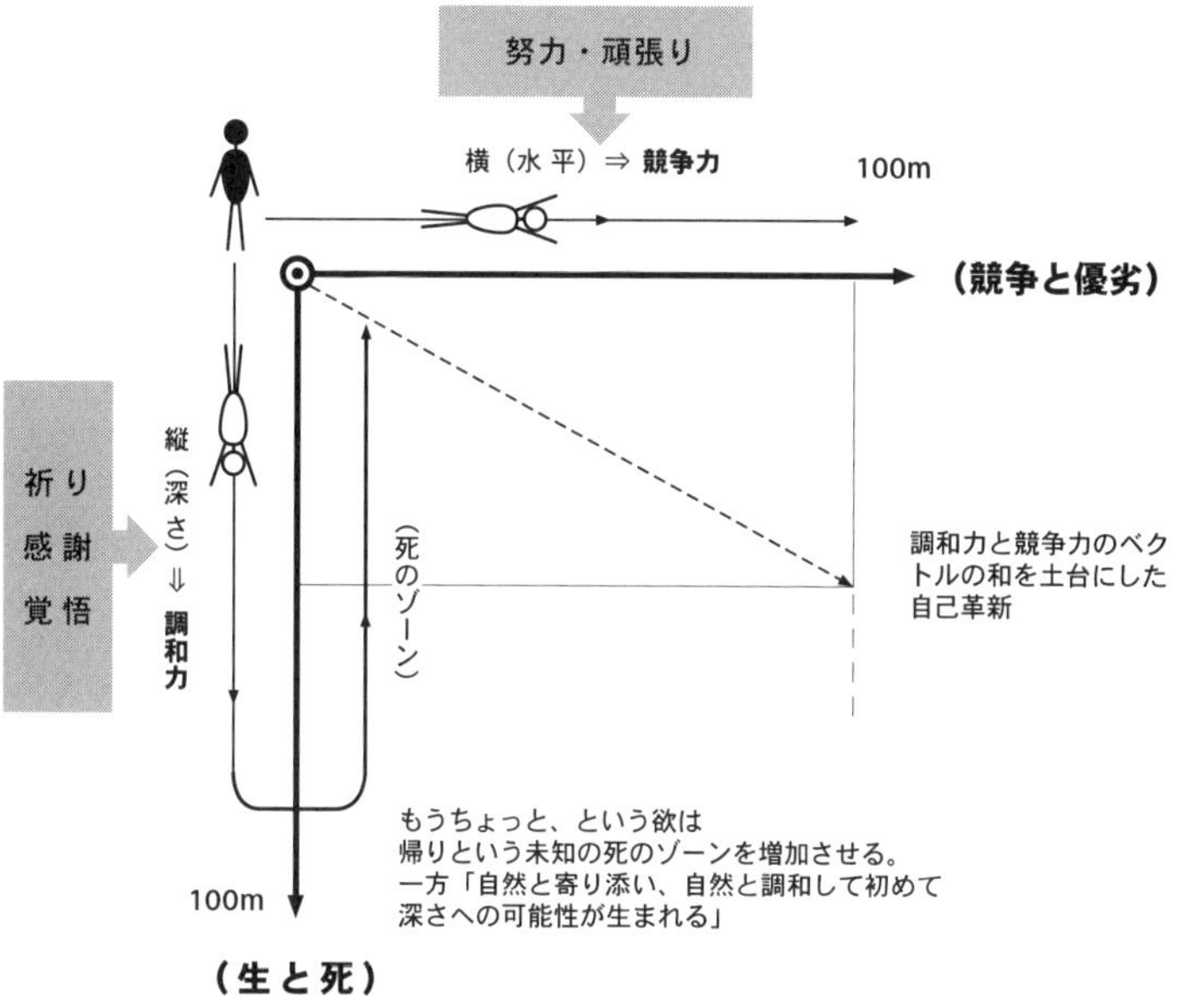

図3．水平方向と深さ方向に見る違い

でスイッチが入り成長するように思います。人間の潜在能力は、命とつながる深さにあってこそ発揮されるものだからです。

まさに私たち人間は、一つ高みのあるところ（次元）に身を置くことで、身体のセンサーにスイッチを入れ、日常の行動や思考にやる気という大きな変化を生み出すことができます。その事によって現状の打破ができるのです。先を見ることも大事ですが、まずは現状を打破していくことのほうが現実的です。「気」が与えられている次元にある私たちであるならば、それができるということです。

第五章　気と重力によって生み出される異次元時空

人間に備わっている第六感

動物が地震の前に突如騒いだり、あるいは目的地に向かって迷わず空を飛ぶ渡り鳥や伝書鳩といったように、動物にはある種特別な能力があることが知られていますが、第一章でも述べた通り、私たち人間誰にもこうした五感とは別の能力、いわゆる第六感と呼ばれる能力が生まれながらに備わっていることが証明されています。

第六感とは、いまだ科学的には正式な見解はなく、定義も定まってはいませんが、よく言われるのが、「直感」や「勘」、「インスピレーション」だったり、あるいは「虫のしらせ」といったある種の、何かが起こる前にそれを予知する能力といったものです。

伝書鳩が大空を迷うことなく目的地に辿り着けるのは、地球から発せられる「地磁気」を感知するからだとされています。「地磁気」とは、地球の磁気のことを言いますが、北極にはS磁極、南極にはN磁極があり、N磁極からS磁極へ地球を取り巻くように磁気が流れています。

ちなみにこの地磁気は太陽から出る10万度という非常に高い温度の太陽風が直接地球に当たらないように守っています。また、伝書鳩や渡り鳥が目印のない大空を正確に飛んで目的地に行けたり、異変を予知するかのような動物の行動は、みなこの地磁気や電磁波の変化や異常を感知する能力があるからだと言われています。

これについての研究は進んでいて「鳥類の網膜にはクリプトクロムという特殊なたんぱく質が含まれていて、伝書鳩や渡り鳥などはこの働きによる磁気感覚に頼って移動している」ことが分かっています。また、この特殊なたんぱく質は人間の網膜にもあり、実験によって人間にもこの磁気を感知する能力があることが分かっています。すなわち、私たち人間も、異変や危険を感知したりする第六感という能力を五感とは別に先天的に持っているということです。

季刊誌『道』における映画監督・龍村仁氏との対談の中で、龍村監督はご自身製作の映画『ガイアシンフォニー第三番』に出演したハワイの先住民族のナイノア・トンプソン氏のことを話されたのですが、トンプソン氏は、海図、羅針盤、磁石などの一切の近代器具を使わずに伝承に基づいて復元された古代の遠洋航海カヌーを操って、星を読み、波や風を感じ、海の自然が与えてくれるサイン（情報）だけを使ってハワイからタヒチまで5千キロの海の旅を成し遂げていますが、まさに人間が持つ第六感とも言うべき能力が発揮された証しではないかと思います。

しかしながら、現在の私たち人間からは、こうした能力は退化し消え失せてしまったかのようです。何故すでに生まれながらに持っているこの能力が発揮できなくなってしまったのでしょうか。この特殊たんぱく質クリプトクロムの働きを指摘したスティーブン・レパート氏は、考えられる要因として地磁気を検知したあとの磁場シグナルの伝達機構に問題があるためであろうと述べています。

その伝達機構の問題とはまさに、私が以前から懸念し拙著でも書いている「統一体」の対極にある「部分体」となった現在の私たちの身体のあり方ではないかと考えています。

部分体になることで、第六感も含めて人間に生まれながらに持っていたいろいろな力が発揮できなくなり、だんだんとその能力は退化し、必要ないとみなされ、引き出しの奥にしまわれてしまう状況になっているのではないでしょうか。

私たち人間は目でいろいろな物を見ることができるのを当たり前としていますが、それは太陽があるお陰であるのです。何故なら先述したように、太陽の光が届かない海の深い真っ暗闇に住む深海魚には目がありません。必要がないから退化してしまっているのです。このように使う必要がなければ、その部分は退化していくのです。これと同じような事が私たち人間にも起きているのではないかということです。

しかし、救いなのは第四章の「身の危険が生む必死の力」の実証事例で示したように、危機的状況になると人間の身体は強くなりエネルギーを発し、自らの身を守る必死の力が湧き出すという真実です。人間には元々そういった能力が備わっていて、危機的な状況に置かれると、きちんとその力を発揮できることが証明できているのです。

すなわち、種を保存させていく上で必要な能力は、消えてしまったり退化したわけではなく眠っているだけなのです。もし将来命の存続の危険を予感するようなことがあれば、火事場の馬鹿力以上のものが芽生えるかも知れません。その能力を目覚めさせ、今に活かすことだと思います。

四次元時空に存在する異次元時空

リサ・ランドール博士は、『ワープする宇宙』の中で、「宇宙は私たちが実感できる三次元＋時間という構成ではないらしい。そこにはもうひとつの見えない次元があり、もうひとつの次元が存在するのなら、どうしたらその存在を証明できるのか？」としながら、五次元の世界の存在を理論上の確信をもって主張されています。

第一章でも述べたように、リサ・ランドール女史が提唱する五次元の世界は、縦横高さに時間をプラスした四次元の世界に、「五次元方向への距離」を足したもの、としています。リサ・ランドール女史は、この五次元は、目に見ることも感じることもできない存在としています。それは、今三次元にいる私たちの空間を二次元に住む人が見ることも感じることもできないのと同じで、次元の低い住人には高い次元の姿は見えない、としています。同時に今三次元空間、あるいは四次元時空にいる私たちには見ることも感じることもできない五次元の世界についてリサ・ランドール女史は、その存在を確かめることができる現在の唯一の方法は、「おそらく重力を通じてというものでしょう」と述べています。

リサ・ランドール女史が提唱している世界とはスケールが違うと思いますが、私が提唱しようとしている異次元時空は、目に見えない四次元に重力を足す事で実証できる時空です。そしてこの重力に作用するのが「気」であるのです。この「気と重力」によってつくられる時空は、まさに今、常識にはないような事を可能にすることができる場となります。この事をもって今の四次元の常識にない世界であるとして、その場を「異次元時空」としています。

これについて、以下の実証事例とともに分かりやすく説明します。

事例(1)

まず二つのテーブルを用意します。

①一つのテーブル(A)で腕相撲をします。腕相撲といっても1対1ではなく1対3で、しかも手の甲をテーブルにつけた状態という設定で行ないます。

まずこの状態は通常ではあり得ない非常に不利な設定であり、当然やる前から「できない」が当たり前となります。実際やってみても、全く倒すことができません。

②今度は、もう一つのテーブル(B)で、まずこのテーブル上の空間を変えるために、次のような手順を踏みます。一人がテーブルの片方の端を持ち上げます。簡単に持ち上がります。二人でテーブルの両端を持って持ち上げれば、なおさら簡単に持ち上がります。

ここでこの場の空間に気を通すと、強い重力が発生し、途端に先ほどと違って二人で持ち上げようとしてもテーブルが持ち上がらなくなります。

③ここで、先ほどの(A)のテーブルで1対3の腕相撲をやった4人がこの(B)のテーブルに移動し同じく腕相撲をします。先ほどの(A)の時の状況とは一変して今度は、手を握った瞬間、押さえているほうの3人がすでに「自分たちが負けている」と感じてしまいます。実際やると、3人は簡単に崩されます。すなわち、手を握った瞬間、腕相撲の勝敗は決まっているのです。これは江戸時代の剣聖たちが極めていた「先を取る」本質とも言えるものです。

これが私の言う「異次元時空」です。すなわち、「x、y、z」という空間に時間「t」をプラスした現在の四次元の世界に、さらに「重力」を加えることによって生み出される異次元時空です。そしてそこでは、今の常識ではあり得ないような事象が起こります。

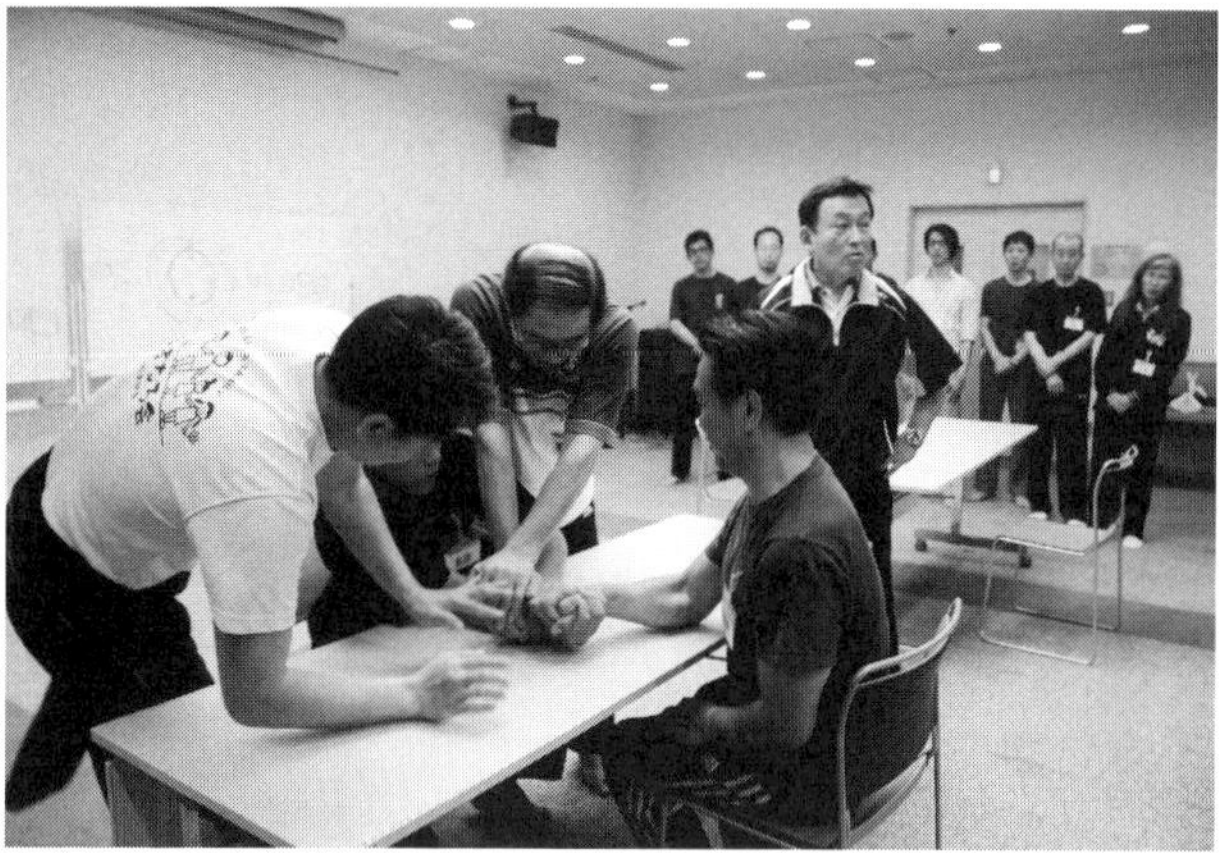
奥のテーブル（A）でできなかった1対3の腕相撲が
重力を加えたテーブル（B）ではできる

しかし、私が考えるのは、こうした事象を可能にさせる領域こそ「私たちが本来持っている能力を発揮できる空間」であるのであって、裏を返せば、現在の空間の状態は人間力の劣化によって能力が発揮できない状況となっているのではないかということです。

このことは日常のあり方や仕事にも通じます。すなわち、本来ならば「できる」仕事でも、あるはずの勘が働かなくなったり、本来のいろいろな能力が閉じ込められ退化して、発揮できなくなっているということです。

事例(2)

もう一つの実証事例です。

①二人がテーブルの両端を持ち上げます。簡単に持ち上がります。

②このテーブルを別の二人が上から強く押さえつけます。今度は全く持ち上げられません。

③そこで最初の①の状態に戻って、先ほど二人で簡単に持ち上げられていたテーブルに気を通すと重力がテーブルに作用し、とたんに持ち上げられなくなります。

④次に③の状態にあるテーブルを先ほど②と同じように別の二人に上か

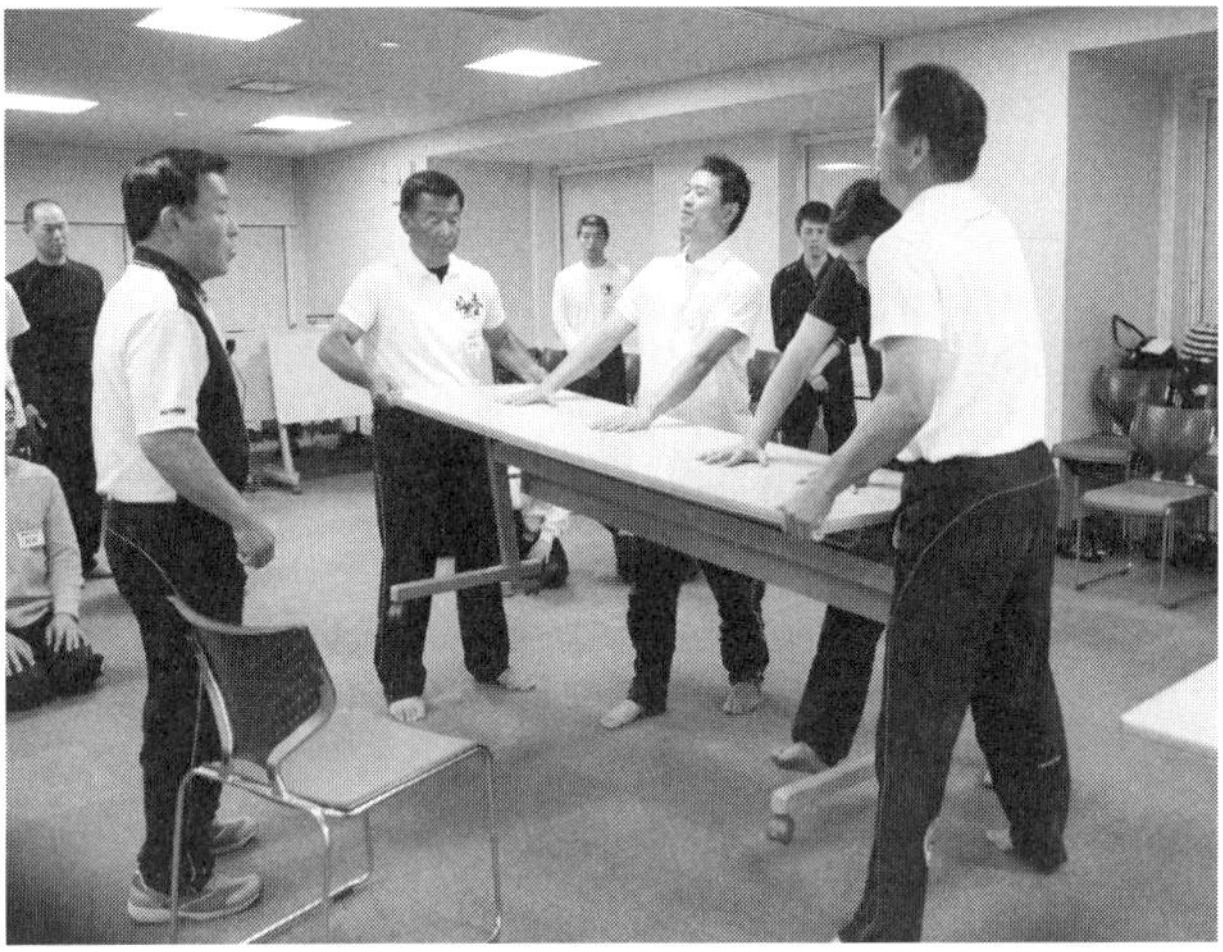

異次元時空にあっては、上げられなかったテーブルが簡単に持ち上がる

らテーブルを強く押させます。するとと絶対上がらないはずのテーブルが今度は簡単に持ち上がってしまいます。この時も、事例(1)の③の説明と同じような現象が起きます。すなわち二人に押さえつけられているにもかかわらず、テーブルを持ち上げる人に持ち上げる前に「上がる」という感覚が働くというものです。すなわち先取りです。

頭が混乱しそうですが、まさにこれが通常の空間と異次元時空の違いです。この一連の実証事例は、誰でも体験できるわけですが、体験したとしても、疑心暗鬼を拭い去ることは難しいかも知れません。まして体験していない、現状の常識にマインドコントロールされている人にとってはまさにリサ・ランドール博士が言ったように、「低次元の住人には高次元の姿は見えない」ということになるのかも知れません。

またこの検証は、第四章に紹介した老子の道徳経にあったように、「強大なものは劣勢となり、柔弱なものが優勢となる」、つまり「固く強張っているほうが死に近く、柔らかく弱々しいほうが生に近いのだ」という道理にも通じ、まさに紀元前300年にすでに老子が提唱していたことからすれば技術や文明は進化・進歩したものの、人間力は劣化し、退化していると言えるのかも知れません。

三次元空間の下にある二次元空間

今私たちを囲んでいる空間を三次元とし、これに時間を加えると四次元時空となりますが、そもそも現存の三次元空間、あるいは四次元時空での1対3の腕相撲そのものがあり得ない「不公平設定」であり、あるとすれば、1対1の腕相撲こそが公平となります。したがって、1対3の腕相撲をやる空間を三次元とするならば、1対1の腕相撲の世界で勝つことや、対立の中で一生懸命競う世界は、見方を変えればもう一つ下の設定空間、すなわち二次元の空間とも言えます。

これに対し1対3の腕相撲の設定で勝つを可能にする全く力を必要としない次元の空間は、本来私たちが持っているはずの力、すなわち調和という力の存在を示す空間です。この空間を今に存在しない空間として異次元時空と仮に位置づけておきます。つまり〔B〕の四次元＋重力の時空です。

そして この〔B〕よりもさらにこの上の空間として、1対3の腕相撲において今度は触れずに、すなわち手をはずして、離れた状態でも3人を崩すという異次元空間〔C〕があります。

本来はこのような空間にあれば、誰もが筋力を使わずに力を発揮できるはずなのです。すなわち「統一体」という身体のあり方にある空間であり、まさにこの空間こそ私の考える本来の人間社会のあり方です。今の不幸は全て対立からきています。特に戦争という、人間にとっての最大の不幸空間は誰がつくり出しているのか、ということです。

まさに、このような対立の位置関係にある空間こそが人間力を低下させ不幸にさせていく根源であり、本来の人間のバランスを崩してしまう一番の要因です。すなわち、筋力主体の勝敗に価値を置く三次元〔A〕から、さらに悪化して二次元、一次元の世界へと退化しつつある現状です。

まずは自分がどの次元にあるかに気づかなければ、高次元の人の世界を感じ

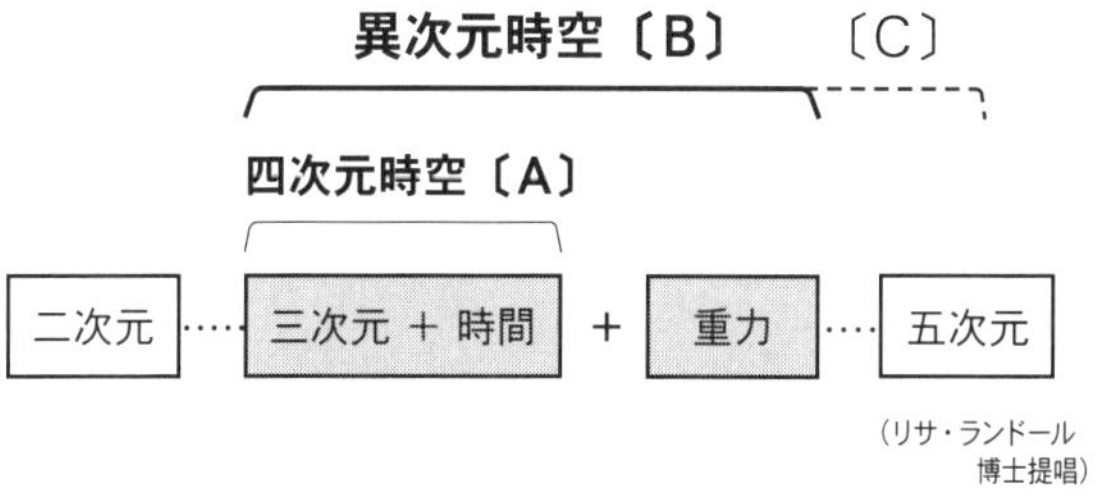

図4．著者の提唱する異次元時空

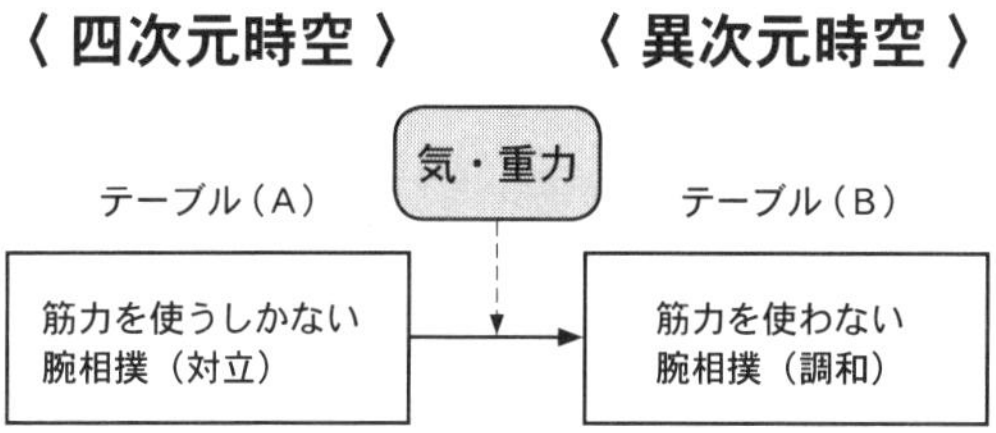

図5．異次元時空と四次元時空の対比

ることも見ることもできないと知ることが大事ではないでしょうか。

しかしながら、子供の場合は、こうした実践事実を体験すると、一度見ただけで、どうしたらできるのかが身体で分かります。それはこれまで多くの子供たちへの実践検証を通して確認しています。それはたとえば、一度自転車に乗れるようになると、その後は一生乗ることができるという自転車乗りの実践と同じです。

しかしながら、今子供たちに起きていることはその逆で、現在の傾向として、子供たちにわざわざ筋力主体の世界を教え、そこで鍛えることを奨励してしまっています。そうすると今度はそのあり方がその子の中に沁み込んでしまい、本来の能力が眠らされ引き出すことが非常に難しくなってしまうのです。

そういった、子供の能力を発揮できなくしてしまう様々な要因があることを、まずは大人たちが気づいていくことが大事ではないでしょうか。

最後に、調和の世界の連鎖について検証します。

① 二つのテーブルをそれぞれ二人が持ち、同時に持ち上げます。二つのテーブルは両方とも簡単に持ち上がります。

② 次に一つのテーブルだけに気によって重力場をつくります。
　すると重力を受けたほうのテーブルはとたんに持ち上がらなくなります。一方重力がかかっていないほうのテーブルは軽々持ち上がってしまいます。

③ 次にこの軽々と持ち上がるほうのテーブルを重力がかかって持ち上がらないほうのテーブルに移動させ、ぴったりとくっつけます。

④ すると、先ほどまで軽々持ち上がったはずのテーブルも重くなっていることが分かります。

すなわち、重たいほうのテーブルの状態が軽かったほうのテーブルに連鎖し変化させていることが分かります。

⑤さらに、一人がこのテーブルに片手を置き、もう片方の手を第三者に掴んでもらいます。すると、掴んだ人を簡単に投げることができます。さらに、複数が手をつないで連なった列の最後の人でも、簡単に相手を投げることができます。

逆に、最初の人がテーブルから手を離すと、とたんに投げられなくなります。

この検証から言えることは、異次元時空は連鎖していくということです。人間で言えば、真の絆が大きく広がっていくというものです。この世界が本来の人間空間のあるべき姿であると同時に、また平和へのプロセスになるのではないかと考えています。

大事なことは、この世界へ向かうことにブレーキをかけている要因を見極め、そのことを理屈や理論ではなく、実践検証を通じて実学として理解していくことではないかと思います。

以下は、異次元時空（四次元＋重力の世界）を体験した塾生の感想です。

異次元時空を体験して〈塾生の感想より〉

今回の道塾は、先生が宇城塾を行なっている目的、我々人間という生命が存在する意味が全て込められたとても濃密な内容でした。

この世界に存在する「理《ことわり》」。

それはただあるがままで完成しているものだと思います。しかし、人はその理から離れ、自らを低い次元に貶《おとし》めています。誰が見てもおかしいという現実が当たり前のように通っていることこそ、人や社会の次元が低下している証明だと強く感じます。

母なる地球の長い時間の中で、人の歴史など刹那にも満たないものです。その人が我欲に囚われて理から離れた行動をすれば、それを正そうとする力が働くのは当然だと思います。しかし、理に従って生きれば、全ての人は幸せに暮らせるはずです。では、どのようにすれば、そのような幸せな世界を実現できるのか。

宇城先生は、三つのテーブルでの腕相撲の検証で、その方法を簡潔明瞭に示して下さいました。

○最も次元の低いテーブル③では1対1の力比べの腕相撲しかできない（衝突）。
○通常の次元のテーブル②で1対3の腕相撲を行なえば、1人が3人に勝てるはずはない（常識）。

○しかし、宇城先生が重力をかけた高次元のテーブル①では1人が3人に勝ってしまう（調和）。

○そして、テーブル①で腕相撲を行なった4人が心を切らずにテーブル③に移動し、もう一度1対3の腕相撲を行なうとテーブル①と同じように1人が3人に勝ってしまう。何よりも、低次元の衝突の場であったはずのテーブル③が、テーブル①と同じように重力のかかった高次元の場に変化する。

これこそが、宇城先生に学ぶ我々塾生がそれぞれの生活の中で行なうべき、ただ一つの真理であると改めて強く認識いたしました。

過去の私は、低い次元の現象に正面からぶつかり、怒りの炎で自らを焼き尽くしていました。しかし今は、そんな事をしている時間はない、この次元でやるべきことなど、先生が仰るように片手間で片づけ、人の三倍働くのだと、強い思いを持って行動しております。

理から離れた人間を正そうとする力は、これからますます大きくなると思います。

　あの大震災、そして原発事故直後のように、宇城先生から学んだ行動力、実践力が必要とされる時がまた必ず来ると確信しております。その「まさか」の時に、命を賭して存分に働けるよう、今この時に、師に従い、自分自身を高めて参りたいと思います。


（福島　公務員　47歳　男性）


　私は、この日の道塾で学び天地がひっくり返ったような思いになりました。先生が話された、一次元から五次元の話、そしてその後の検証での腕相撲、本当に感動でした。先生がおっしゃっていたことがより納得できました。

　一次元の人からは、二次元、三次元は見えない。

　しかし、今の世の中、そしてスポーツは本当に低い次元の世界で競わせる。その中で世界が出来上がってしまい、気付けばその世界が全てで、当然それが正しいと錯覚してしまっている。

　しかし、今日の検証を体験することで、世界が百八十度変わります。

　先生が今の学校の話をされました。困難校と落ち着いた学校の違いを話されました。私はたまたま、去年まで困難校で働き、今年から落ち着いた学校で勤務しています。先生がおっしゃっている通りで〝困難〟にしているのは我々大人だと痛感しました。しかし、我々教員はそこに気付かず、本質が全く見えていません。

　先生がいつもおっしゃる通り教員は誰よりも勉強しなければいけない。その言葉の本当の意味が少しですが分かったような気がしました。自分自身の次元を高めて行くことが、本当の意味での、生徒を守ることに繋がると思いました。

　生きているのではなく、生かされている。

　この当たり前だけど、実際には当たり前でないことを常に胸において、日々を真剣に生きていく勇気を頂きました。

（京都　教員　35歳　男性）

先日の道塾ではいかに我々が低次元で物事を見ているのかが分かりました。実技でのテーブルを並べての検証はまさにそうでした。

3対1の腕相撲での検証で普通のテーブルでやれば少ない人数が負け、気を通したテーブルでは力を入れたほうが弱くなるという事でした。

低次元（普通のテーブル）は対立しかなく、高次元（気を通したテーブル）は調和する事でより多くのエネルギーが働くという事が分かり、対立は破滅の道しか見えず調和は多くの創造が起こるという事です。

また、先頭に1人が立ち、後ろに大人数が腰を押さえて動けなくする検証では、先生が刃物を持てば後ろに下がれるが自分の力では下がれない。

先生が普通に竹刀で構えれば動かないが気を通し構えると動ける。何故、

1人では動けないかと思った時にそれは自分自身が低次元にいるからだと思いました。

人は生まれた時には完成されているのに自己中心的な欲や教育を受け、低次元へ低次元へと堕落していく。

それは検証の前に先生がホワイトボードに書かれた「生かされてる」「生きている」の言葉に集約されていると思いました。

低次元に堕落していても先生に気を通して頂いたり教えを頂く事により高次元へと移る事ができる。

先生は笑いながら「退化はしてなくて良かったな。ただ、眠ってるだけだ」と仰いました。

我々が目が見えるのは太陽のおかげだと先生は仰られましたが、我々の心の目が（観の目）が見えないのは今まで太陽のような師に逢えなかったからだと思いました。

先生の存在が我々の心の太陽であり、我々の眠ってる可能性を引き出してくれると確信しました。先生はいつも真剣です。我々も生きるか死ぬかの覚悟を持って先生から色々な事を学びたいと思いました。

（東京道塾　飲食店経営　42歳　男性）

昨日は、実践を通じて、次元の違いを教えていただきました。

1対3の腕相撲をしたとき、普通は当然のように勝負になりません。しかし、重力により場の状態が変化（次元が変化）すると、3人を相手に腕相撲で倒すことができます。それは、力には関係なく女性でも同じでした。これが、まさしく五次元の世界であり、自分たちの想像を超える世界なのだと感じました。そして、1対3で苦しんでいるのは二次元の世界であり、実際に自分たちがいるのは、1対1で勝負し、その勝ち負けに拘っている一次元の世界だということが良く理解できました。

その小さな対立の世界からは何も生まれず、ほんの些細な優越感のようなものを糧に生きているようなものだと思います。

残念ながら自分たちの力ですぐに三次元やましてや五次元の世界に入っていく事はできません。しかし、五次元の世界が確実に存在し、それを体験できた事実はとても大きいと感じます。

自分の日常での何かのきっかけでも、些細なヒントでもいいから次元の高い世界につながるものを見つけていきたいと思います。

（東京道塾　パイロット　50歳　男性）

実践で三次元の空間で3人対1人の腕相撲では3人が勝つのに比べ、宇城先生が創られた五次元の空間では1人のほうが勝てるという空気を、周りで観ていた私にもそれが伝わり勝負がついている感覚があり、五次元では時間と空間が三次元のものとは違う、確実に時空が違うと認識出来ました。

宇城先生の観るということは私の見るとは意味も次元も違うものだと、そう思います。

『生きている』と『生かされている』の違い。『生きている』とはその瞬間の欲であるが『生かされている』とはもっと宇宙的なものであり、人や自然時間や空間、物質など全てにおいての繋がりを『生かされている』と表現できるものではないかと思います。

『生かされている』の本当の言葉の重みや意味は私にはまだまだ理解できませんが、とてつもなく大きいものだと思います。

三次元もしくは二次元の世界で生きている私ですが、土鳩と伝書鳩のお話をいただき、伝書鳩の眼は何かを感知し未知なる世界を飛ぶことができる。同じ鳩でも、使わなければ退化していくとおっしゃられたことが印象深かったです。

退化は3世代でDNAになるということに、何故か焦りと不安な気持ちになります。退化＝眠っているということだとすると、今を変えないと、私達の子供や孫に影響し、伝書鳩のような素晴らしい能力、大切なものに気づく力が、退化し完全に失われるなどということは絶対あってはいけないことだと思います。

今、私自身が変わらねば、という想いは日に日に強くなっていきます。今できる事は私自身が透明になり、宇城先生を映していただくこと。これを絶対とし、歩んでいきたいと思います。

（大阪道塾　美容室経営　38歳　男性）

おわりに

今の社会は誰が見ても分かるように、人間性が劣化してきています。それは人間力が低下していることに加え、無意識下にある自分を信じることができないという「自信のなさ」からくるものです。そういうところから、本書は異次元時空の体験を通して「人間力」を取り戻すということにスポットを当てて述べてきました。

異次元時空とは、四次元の世界に気によって「重力」に働きかけ、その一連の結果として生み出される世界のことであり、この世界に身を置けば、誰もが今の常識では不可能と思われる事が可能となることを実践事例を通して示してきました。すなわち人間力のエネルギーの源の存在と、それを発揮する仕組みの一端を明らかにしてきたのです。

今の主流となっている目に見えるものが真実であるという世界に対して、目に見えないものにこそ重要な本質があることを実証事例を上げて説明し、その目に見えない世界にあるエネルギーによって潜在能力が目覚め、今の自分から脱却することができることを示してきました。

本書で示した実証事例は、今の常識では考えられない、あり得ないような事ですが、実際起きています。

本来そうした事実こそ、今を生きる私たち人間にとって必要かつ有効な事なのです。しかし今は知識や科学的根拠、理論、理由などが優先され過ぎ、今の科学で証明されないようなものは、疑心暗鬼にさらされたり、奇跡という言葉で片付けられています。

たしかに科学や技術は未知の世界に目を向けて、その法則性を発見し、論理、検証の上、またその原理をもって実用化や商品化していくなど、文明の発展の担い手として歴史を築いてきました。

しかし、一方でこの科学が未知の世界に対してブレーキをかけている面があります。特にそのほこ先が「目に見えない世界」です。それは部分分析を主流にしてきた科学にとり、分析ができない目に見えない世界の解明や追究があまりに難しすぎるからです。

こういう現在のあり方は、人間に元々備わっているはずの潜在能力に蓋をしてしまうことにつながっていると思います。

そうした現実の中で、私は目に見えない世界にこそ、目に見える世界以上に多くの進化、発展する要因がある、すなわち、我々一人ひとりが幸せになるという発展、進歩、成長があると信じ、そのための実践、研究を続けてきました。

たとえば力と言えば筋力を主体とする世界のなかで、筋力を必要としない、しかも筋力とは桁違いな力が存在していることや、空間に作用する目に見えない力やエネルギーの存在など、従来の常識が覆されるような事実を実証してきました。

そこにある私なりの科学は、常に「実践、実証先にありき」を土台とする、実践メソッドとそれに基づく絶対仮説です。

そのメソッドは、現在も日々大きく発展させているところです。


私のこうした一連の研究、実践の根底にあるのが、「気と重力」の相互作用と「統一体」という身体のあり方です。

「はじめに」で記した、砂漠に突如として出現する大河のエネルギーの源が大氷河であったように、あるいは植物は大地から養分を受けて育っていくように、人間を突き動かすエネルギーとは、まさに内なる情熱というエネルギーであり、そのエネルギーをつくり出すもとが私たち人間をしっかり大地に引き留めてくれている地球の重力であり、この重力に作用するのが気です。

気は自得の世界であり、心がその人の行動によってつくられるが如く、知識や科学的な思考を通してのハウツーの学びで修得できるものではありません。実体験するなかで初めて学べる世界です。

今私たちが急ぐべきは退化し眠った状態になってしまっている能力を目覚めさせ、その能力を発揮させる事、そこに向かうということであると思います。そのためにもまず、本書で述べてきたように、まずは地球のエネルギーである重力を享受できる身体、すなわち身体に気が巡っている「統一体」という本来の人間の身体のあり方を取り戻すということです。

統一体にある身体は今の常識にはない次元の力を発揮でき、かつそれは自分自身も、さらには相手をも守る力につながっています。何故なら、それは対立のない調和する力だからです。この統一体を取り戻すには、「生かされている」という大自然に対する畏敬の念と謙虚さが必要です。

この人間力を取り戻し、その力が真に引き出され発揮されれば、本来の人間のあるべき空間すなわち社会を取り戻すことにつながり、その連鎖こそが平和への広がりにつながっていくと信じています。

宇城憲治

宇城憲治　うしろ けんじ

1949年 宮崎県小林市生まれ。1986年 由村電器㈱ 技術研究所所長、1991年 同常務取締役、1996年 東軽電工㈱ 代表取締役、1997年 加賀コンポーネント㈱ 代表取締役。

エレクトロニクス分野の技術者として、ビデオ機器はじめ衛星携帯電話などの電源や数々の新技術開発に携わり、数多くの特許を取得。また、経営者としても国内外のビジネス界第一線で活躍。一方で、厳しい武道修行に専念し、まさに文武両道の日々を送る。

現在は徹底した文武両道の生き様と武術の究極「気」によって人々の潜在能力を開発する指導に専念。宇城空手塾、宇城道塾、親子塾、高校野球塾、各企業・学校講演、プロ・アマ スポーツ塾などで、「学ぶ・教える」から「気づく・気づかせる」の指導を展開中。

㈱ＵＫ実践塾 代表取締役
宇城塾総本部道場 創心館館長

創心館空手道 範士八段
全剣連居合道 教士七段（無双直伝英信流）

著書に『人間は生まれながらに完成形』『武道の原点』『空手と気』『気の開発メソッド』『人間と気』『気でよみがえる人間力』『子どもにできて 大人にできないこと〈DVD付〉』『気によって解き明かされる心と身体の神秘』『ゼロと無限』『一人革命』（どう出版）、『武道の心で日常を生きる』（サンマーク出版）他多数。

ＤＶＤに『宇城空手』全３巻、『人間の潜在能力・気』全２巻、『サンチン 上巻・中巻・下巻』（どう出版）がある。

ＵＫ実践塾ホームページ　http://www.uk-jj.com/

異次元時空を生み出す気と重力

2016年6月29日　初版 第1刷発行

著　者　宇城憲治

定　価　本体価格 1,800円＋税
発行者　渕上郁子
発行所　株式会社 どう出版
〒252-0313　神奈川県相模原市南区松が枝町 14-17-103
電話　042-748-2423（営業）　042-748-1240（編集）
http://www.dou-shuppan.com
印刷所　株式会社シナノパブリッシングプレス

ISBN978-4-904464-74-8

お読みになった感想をお寄せください。

宇城憲治の本

気の開発メソッド
【初級編】統一体・身体脳の開発

人間の活力源・潜在能力を引き出す具体的方法を解説。
第一部　気を流す
第二部　気を活かす
付　録　身体に「気」を流す体操――宇城式統一体体操

・B5並製　・定価　2000円+税

気の開発メソッド
【中級編】覚悟する身体・肚をつくる

「気」による変化の体験を通し、気の存在を詳しく解説。
第一章　「気」とは何か
第二章　「気」のしくみ
第三章　「気」は不可を可とする
第四章　「気」の可能性
付　録　統一体呼吸法

・B5並製　・定価　2000円+税

心と体　つよい子に育てる躾
地球とつながる子供のエネルギー

本書では、これまで誰も気づくことのなかった、躾や日常で行なう挨拶や礼儀などの所作のなかに潜む不思議なパワーをイラストつきでわかりやすく紹介しています。イラストで検証方法が詳しく紹介されているので、学校や家庭で実践するのに最適な教材です。

・A5並製　・定価　1300円+税